LES DISPARUES DE VANCOUVER

DU MÊME AUTEUR

LA GOMMEUSE, *roman*, Grasset, 1997.

LE PALAIS DE LA FEMME, *roman*, Grasset, 1999.

DEMAIN LES FILLES ON VA TUER PAPA, *roman*, Grasset, 2001.

L'ENFANT ROUGE, *roman*, Grasset, 2002.

BRÛLEMENTS, *roman*, Grasset, 2006.

UNICA, *roman*, Stock, 2007.

L'AÉROSTAT, *roman*, Grasset, 2008.

CHASSEUR D'ORAGES, Editions du Rouergue, 2009.

ELISE FONTENAILLE

LES DISPARUES DE VANCOUVER

roman

BERNARD GRASSET
PARIS

ISBN 978-2-246-73671-4

Toutes les putains devraient avoir des funérailles de reine.

Grisélidis Réal

Crab Park, la cérémonie

En ce matin de mai, il pleut à Vancouver, le port est embrumé. On devine la silhouette d'un cargo au loin, de hautes grues rouges qui oscillent en grinçant ; la cime des monts, de l'autre côté de la baie, a disparu, gommée par les nuages gris.

Le ciel est bas et lourd, comme souvent ici, mais cela n'altère en rien la splendeur du paysage : le spleen sied à Vancouver. Ciel liquide, océan, forêt, cité… Tout se confond, tout est noyé.

Une foule silencieuse est massée sous des parapluies colorés, face à l'océan Pacifique, devant un banc portant une plaque de cuivre gravé, dont la bruine ne parvient pas à ternir l'éclat.

Sur cette plaque, onze noms de femmes.

IN MEMORY OF L. COOMBES, S. DE VRIES,
M. FREY, J. HENRY, H. HALLMARK,
A. JARDINE, C. KNIGHT, K. KOSKI,
S. LANE, J. MURDOCK, S. SPENCE
& ALL OTHER WOMEN
WHO ARE MISSING. WITH OUR LOVE.
MAY 12, 1999.

Crab Park : une simple bande de gazon donnant sur le port industriel. Ici viennent les marins, les dockers… et aussi les filles de Skid Row, quand elles veulent se laver l'âme entre deux passes, en regardant l'océan, oublier un instant le *downtown eastside,* l'œil errant sur le gris ondoyant des vagues… Le Pacifique lave de tout, même des souillures de Skid Row.

Rassemblées en demi-cercle autour du banc, une centaine de femmes, la plupart indiennes, serrées les unes contre les autres, à deux ou trois sous un même parapluie, quelques hommes aussi. Soudain, les femmes se redressent, entonnent un chant rauque et lent, les hommes les accompagnent au tambour, battement sourd… Sans même comprendre, on a la gorge nouée. Une langue oubliée, surgie d'un passé obscur, qu'on croyait aboli… Même celles qui chantent, le sens des mots leur échappe, les jeunes surtout. Ce sont les anciennes qui mènent, elles savent, elles se souviennent… Il est question d'un départ, d'un chagrin qui n'a pas de fin.

A Vancouver, si l'on meurt, et si l'on a les moyens – cela coûte tout de même vingt mille dollars – on peut laisser un banc à son nom, dans un des parcs qui entourent la ville, avec quelques mots gravés, invitant les passants à se reposer un moment, à contempler l'océan… Un mémorial bucolique et léger.

Les femmes dont les noms sont inscrits

ici ne sont pas mortes, pas officiellement en tout cas. Elles ont juste disparu.

Elles étaient là, au coin d'une rue… Soudain, elles n'y sont plus, nul n'a rien vu, rien entendu.

La mélopée s'interrompt, une femme s'empare d'un bâton hérissé de plumes d'aigle, le *talking stick*, elle prend la parole… Une Blanche robuste, Pat de Vries, la mère de Sarah, épaulée par Maggie, sa fille aînée.

S. DE VRIES : le deuxième nom sur le banc.

— Ce matin, je veux vous parler de Sarah, vous dire quelle enfant rieuse elle était, drôle, gaie, pleine d'énergie et de talents : elle dessinait, chantait, écrivait des poèmes aussi…

Les Indiennes opinent en silence, bras croisés, regards acérés ; des femmes fortes, elles en ont vu.

— … toujours à nous jouer des tours, tu nous faisais mourir de rire… Sarah, on ne rit plus aujourd'hui. Où es-tu ? Où êtes-vous toutes ?

Pat s'essuie les yeux. Un homme s'avance, prend le bâton à son tour : Wayne Leng, un ami de Sarah. La quarantaine gracile, un visage juvénile, barré d'une fine moustache à la Errol Flynn.

— Avant de disparaître, Sarah a laissé son Journal chez moi. Ceci, elle l'a écrit un soir de Noël, elle était seule dans les rues, elle avait froid… J'étais loin à ce moment-là.

Il lit, sa voix tremble un peu.

— *Et voilà, une fois de plus c'est Noël. Cette année j'ai le regret de vous annoncer qu'il n'y aura pas d'arbre, pas de décoration, pas de dinde farcie pour le dîner. Le blues s'amplifie à chacun de mes souffles, le vide en moi grandit, il prend toute la place… Je sais que je n'en ai plus pour longtemps, je sais que bientôt, je vais disparaître. Ce soir je le ressens plus fort que jamais, déjà, je ne suis plus qu'une ombre… Est-ce qu'ils se souviendront seulement de moi, quand je ne serai plus là, les autres, leur vie continuera-t-elle comme avant ? Leurs yeux verseront-ils des larmes, le jour où ils me diront adieu…*

Wayne plie la feuille en deux, la glisse dans sa poche, ému.

— On se souvient tous de toi, Sarah, on ne t'oubliera jamais… Je pense à toi très fort chaque jour et chaque nuit, tu seras toujours en moi.

Sarah, ça fait deux ans que Wayne la cherche, avec acharnement… Il a même quitté son travail, pour lui consacrer tout son temps.

C'est en déposant des affiches dans le *downtown eastside*, avec la photo de Sarah, qu'il a découvert qu'il y en avait bien d'autres, des disparues… Des affiches, il en a vu partout, sur les murs de Skid Row, laissées par des proches : des dizaines de femmes rayées de la carte du jour au lendemain, certaines depuis des années.

Quand il a vu les photos, il a compris que quelque chose de grave leur était arrivé, à toutes ces femmes... Il a essayé d'alerter les autorités, les flics lui ont ri au nez.

Un micheton, s'inquiéter pour une pute ? On aura tout vu...

Pour pallier le laxisme de la police, Wayne a créé un site, MISSING... C'est devenu sa vie, il y travaille jour et nuit.

Les enfants de Sarah sont là eux aussi, devant le banc, tout petits, blottis entre Pat et Maggie ; Pat pense que c'est bien qu'ils sachent, qu'ils soient présents, en ce jour. Ce qu'on leur cache, ils le devinent, alors...

— Pourquoi elle a pas de tombe, maman..., chuchote Sarah-Jean, petite fille aux grands yeux noirs, vivant portrait de Sarah.

Wayne se penche, caresse la petite tête brune... Il soupire, se relève, passe le bâton à la mère d'Angela Jardine.

A. JARDINE, le cinquième nom gravé sur la plaque de cuivre.

La femme qui s'en empare est petite, menue, avec un visage marqué par la souffrance. Elle s'appuie sur un homme bien plus grand qu'elle, le père d'Angela... Ils vivent dans une réserve, au nord de Vancouver.

— Angela était une jeune fille toute simple...

Oui, simple d'esprit même, au point de se jeter sur chacun de ses clients avec effusion, de le poursuivre comme si c'était l'homme de sa vie, d'écarter les cuisses sans demander d'argent, ce qui agaçait certaines de ses compagnes de galère, ayant davantage le sens des affaires. Mais si certaines le pensent ici, personne ne le dit... Ce n'est ni le lieu ni le moment.

Soudain, Deborah élève la voix, ce qui sort d'elle, c'est un cri :

— La police n'a rien fait pour retrouver ma fille, ni elle, ni les autres... Pourquoi ? Parce qu'elles sont indiennes, parce que ce sont des filles du *downtown eastside ?* C'est injuste ! Nous sommes si seuls avec notre douleur...

Elle cache son visage dans ses mains, son mari la serre contre lui.

Debra, la fille de Janet Henry, *native* elle aussi, une gamine de quatorze ans, prend le bâton à son tour :

— Où sont tes rêves, maman... Tu rêvais de t'échapper, de vivre avec moi, tu m'avais promis d'arrêter de boire, et moi je te croyais... J'aimerais tellement que tu sois fière de moi aujourd'hui. Si je me marie un jour, seras-tu à mes côtés ? Il doit bien rire de nous, celui qui te retient prisonnière. Sans toi, ma vie est en miettes, maman.

En 1986, Janet Henry avait échappé de justesse à un serial killer de Vancouver célèbre en son temps, Clifford Olson, qui se comparait volontiers à Hannibal Lecter, son modèle, avant de préciser avec fierté :

— Seulement moi, j'existe, je suis réel !

Janet avait été enlevée par Olson, droguée comme les autres, mais elle est la seule d'entre ses victimes qu'il ait épargnée, sans que personne ait jamais compris pourquoi.

Aura-t-elle autant de chance cette fois-ci ?

La probabilité d'être deux fois de suite la victime d'un tueur en série doit être nettement inférieure à une sur un million.

Le chiffre s'accroît quand on est une fille de Skid Row, mais tout de même…

Janet a disparu en 1997, deux ans plus tôt : elle aurait trente-huit ans cette année. Tous sont émus, en écoutant sa fille… Bruce, un vieux flic aux cheveux blancs, en uniforme, se mouche dans un grand mouchoir bleu.

La litanie continue : le *talking stick* circule, deux heures durant.

Le banc, la cérémonie… C'est la famille de Vries qui a tout déclenché, en secouant les autorités, qui jusque-là ne voulaient rien savoir des Disparues.

Maggie est issue d'un bon milieu, cela se voit, cela se sent, elle parle posément, elle est obstinée, les flics l'ont écoutée, elle… Les autres, les Indiennes, les Blanches pauvres, sans appui, on leur claquait la porte au nez.

— Rien à foutre, de ces putes, leur a même déclaré un jeune flic.

Un jour ici, l'autre jour là-bas ; comment savoir, avec ces filles-là. On ne va pas s'en faire pour des junkies…

Avec Maggie, sûre d'elle, posée, tout a changé.

Qu'est-ce qui a changé, en vérité ? Les a-t-on retrouvées ?

Non, aucune… La ville de Vancouver a juste réalisé qu'il y avait un problème, et de taille : les Disparues.

Et leur nombre qui ne cesse de croître, au fil des ans : 33, 34, 35, 36… Comme si un monstre tapi dans l'ombre les dévorait une à une.

Un windigo, les vieilles parlent d'un windigo.

Un homme hideux, qui vit au plus profond des bois, sort à la nuit et dévore ses semblables, il se repaît de chair humaine et ne laisse que les os. Ceux qui ont croisé son regard se transforment à leur tour, ils sèment la terreur et la mort autour d'eux.

Le windigo, c'est à la lune noire qu'il sort, non ?

Les jeunes haussent les épaules.

C'est fini les contes, grand-mère, tais-toi donc, tout ça, c'était hier…

Pain & Wasting

Comme toutes les Disparues, Sarah vivait dans le *downtown eastside*, le pire quartier de Vancouver.

Comme les autres, elle louait son corps pour se payer ses doses de crack et d'héroïne.

Un quartier à haut risque en plein centre-ville, un trou noir entre Chinatown et le quartier des affaires, un maelström urbain, autour de Main & Hastings… Pain & Wasting, comme on le surnomme ici. Certaines y échouent à dix ans.

Ce n'est pas pour rien qu'on appelle Vancouver le paradis des pédophiles, pas besoin d'aller en Thaïlande ou en Malaisie… Les types qui veulent baiser une môme, c'est ici qu'ils viennent : autant de gamines qu'on veut… Des Indiennes enfuies des réserves, des gosses dont tout le monde se fout.

Sarah, elle, c'est à treize ans qu'elle y a atterri.

Tout le monde l'aimait, ici. Gaie, vive, gracieuse…

Elle était l'ange sombre du *downtown east-side*.

Aujourd'hui, on parle d'elle au passé.

Métisse de Black et d'Indienne, adoptée tout bébé par une famille libérale, père prof de fac, mère infirmière, trois frères et sœur, une enfance choyée dans le plus beau quartier de Vancouver : Point Grey.

Un autre frère adopté, Marc, blond aux yeux bleus celui-là, comme les de Vries, un gosse sans histoire, ça ne compte pas. Celle qui tranchait, c'était Sarah : mi-indienne, mi-négresse : Sarah la métisse, belle comme une orchidée, mais marquée… Surtout à

Point Grey, où tout le monde a l'air de sortir d'une pub pour Ralph Lauren.

Une enfance heureuse, en apparence… En proie au racisme et au rejet à l'école, mais ça, à la maison, personne ne le savait, elle n'en parlait jamais. Trop fière pour ça, Sarah, trop blessée. Comment réagir à la haine, au rejet, quand à la maison on est adorée ? A l'adolescence, tout a volé en éclats : fugue, drogue, prostitution… Chute libre, à la vitesse de l'éclair, Sarah a échoué dans le pire quartier de Vancouver.

Pendant dix ans, elle a fait le tapin dans le *downtown eastside* : Pain & Wasting, Souffrance et Gâchis.

Pas si loin de Marine Drive, à des années-lumière, pourtant.

Sur le trottoir, Sarah a eu deux enfants de hasard, son portrait craché, Benjamin et Sarah-Jean. Pat de Vries les élève loin d'elle, en Ontario, dans la ferme où Sarah aimait tant jouer, entourée d'animaux. Et aujourd'hui, que dire à ces enfants…

Que Sarah, leur mère à éclipse, qui dessinait pour eux de si beaux alphabets colorés, a disparu à jamais ?

A Crab Park, en ce matin de mai, devant le banc, une femme-flic prend le *talking stick* à son tour, après toutes les autres, elle éclate en sanglots. Elle a fait tout ce qu'elle a pu, depuis bientôt deux ans… Rien, aucune piste, pas l'ombre d'un suspect. Et le nombre des disparues qui ne cesse de grandir.

— Pardon, implore-t-elle, pardon…

Aucun corps retrouvé, pas un seul.

Les premières disparitions remontent aux années 80, ces chères années-fric, qui ont vu la ruée des nouveaux pauvres sur Vancouver. Les hivers sont doux ici, doux et pluvieux.

Vancouver, c'est bien le seul endroit du Canada où l'on peut dormir dehors même en janvier, sans risquer de se réveiller congelé. Ces vingt dernières années, la ville est devenue une des plaques tournantes de la drogue. Les filles perdues se shootent, elles se vendent pour payer leur dose, et la boucle est bouclée : prisonnières du *downtown eastside.*

Dix blocs qui ressemblent à l'enfer, entre cinq et dix mille junkies vivent ici. Pas la peine de sortir, on trouve tout sur place... Les dealers, la came, les michetons...

Un village de damnés, où tout le monde se connaît, se soutient, les filles, surtout... Pas d'autre assurance vie que l'œil vigilant d'une sœur de trottoir, celle qui fait le tapin avec vous : à deux, on a moins froid, on a moins peur, surtout.

L'argent circule ici, beaucoup d'argent, malgré la misère qui suinte de partout. La came, le cul, une économie souterraine intense... Ici, ça baise dans tous les coins, ça nique, ça fornique, ça se pique, 24 heures sur 24, le fric change de main le temps d'un claquement de doigts : les filles à genoux, les types debout, appuyés contre le mur, ou tapis dans les voitures... Ça sert à ça aussi, une caisse. Tout le monde ne peut pas se payer l'hôtel... D'autant que les hôtels, par ici, on a plus envie de s'y pendre que d'y baiser.

La plupart des filles ne sortent jamais de Skid Row...

Certaines ne sont même jamais allées à Stanley Park.

Elles sont perdues dehors, elles se font tout de suite repérer.

Le commissariat central est à tout à côté, mais les flics n'entrent pas : ici, tout le monde est hors la loi... Faudrait les coffrer tous.

Sortir, à quoi bon... Faire semblant d'être comme les autres, les gens normaux, ceux qui baladent leurs mômes dans les parcs, leur paient des glaces, alors qu'elles ont une vie de misère, que leurs gosses sont placés, et qu'elles les verront au mieux une fois dans l'année ?

Le blues qu'on se trimbale, dès qu'on met le nez dehors... Quand on rentre, c'est pire encore.

Non non, comme dit Sheila, qui s'y connaît – pute et bouddhiste, très West Coast – le commencement de la sagesse, c'est d'aimer sa prison.

Les filles se serrent les coudes, elles se refilent les tuyaux : les types à éviter, ceux qui viennent pour cogner.

Les *bad dates*, les clients violents, ce n'est pas ça qui manque par ici. Les filles battues à mort, cela arrive, mais les corps on les retrouve toujours… Là, les Disparues, c'est autre chose : des filles effacées par dizaines, et pas l'ombre d'une trace.

Et ça dure depuis des années…

Devant le banc, la femme-flic pleure, en serrant le *talking stick* entre ses doigts. Ensuite, toutes se dispersent, dans l'une des sept réserves indiennes de Vancouver, ou ailleurs, dans le DTES, ou des quartiers plus ordinaires.

Onze noms gravés, and all other women who are missing…

Une cohorte de fantômes, assis sur un banc, face à l'océan.

Parmi les filles qui ont assisté à la cérémonie, certaines vont disparaître à leur tour, dans les mois qui viennent…

Les mois, ou même les semaines, à croire que la machine infernale s'emballe. Une, deux, trois… Un jeu terrible, une danse macabre autour de Sarah.

Autrefois, une danse indienne commençait comme ça : une fillette s'élance, la plus vive, elle en entraîne une autre, elles se prennent la main, elles disparaissent dans la forêt…

Aujourd'hui, qui mène la ronde au cœur des ténèbres… ?

Est-ce toi, Sarah ?

Ou alors le windigo du *downtown eastside* ?

Le Journal de Sarah/l'agression

Chez Wayne, chez qui elle a vécu pendant trois semaines – une idylle avortée – avant de retourner à Skid Row, happée par l'héro, Sarah a laissé son Journal : récit de la vie d'une fille des rues.

Ce journal, Wayne en a publié des extraits sur le site MISSING, qu'il a créé après la disparition de Sarah, afin de recueillir des indices sur les disparues, pour leur rendre hommage, aussi.

Avec le temps, elles sont devenues un clan, une tribu virtuelle : les Disparues.

Il y en a sûrement qui savent, s'est dit

Wayne, seulement ils n'iront jamais chez les flics... Tous ceux qui gravitent autour du *downtown eastside* ont intérêt à éviter la police. S'ils ont vu ou entendu quelque chose, qu'ils le contactent, il fera le lien avec la brigade.

Une photo de chaque fille, quelques lignes, le récit de proches ou d'amies, le jour supposé de leur disparition. Une date, à défaut. Certaines, on a mis des mois à réaliser qu'elles n'étaient plus là... On les croyait ailleurs, dans leur famille, elles n'y étaient pas.

Wayne Leng, certaines féministes l'ont accusé d'être un prédateur, parce qu'il était client des filles du *downtown eastside*. Encore heureux que tous les michetons ne soient pas des *bad dates*... comme celui qu'a croisé un jour Sarah, rencontre qui aurait pu très mal finir, si elle n'avait pas eu la rage de survivre.

Dans son Journal, on entend la voix de Sarah, acide, fine comme une lame de cutter, elle incise là où ça fait mal, sans pudeur.

Sarah rêvait d'être lue… Ce jour est arrivé, mais pas comme elle l'aurait voulu.

J'étais en manque et j'avais besoin d'argent. J'étais devant l'hôtel Astoria et une voiture s'est arrêtée. Je suis montée, j'ai fermé la porte, le type m'a demandé combien la pipe, j'ai dit 40 $, le type a dit d'accord, il a démarré, je lui ai dit mon nom, et c'est à ce moment-là que tout a commencé.

A chaque fois qu'il me parlait, il prononçait mon nom, c'était l'enfer. Sarah, est-ce que tu es de Vancouver, Sarah quel âge as-tu…, Sarah-ci, Sarah-là. J'ai commencé à me sentir vraiment mal. Je le suçais pendant qu'il conduisait, donc je ne voyais pas où il allait. Quand j'ai levé la tête, j'ai vu qu'on était loin de Vancouver, en pleine forêt, du côté de Port Moody. J'ai essayé d'ouvrir la porte, il avait bloqué la sécurité. J'ai vu son portefeuille posé sur le siège, j'ai pris l'argent, ensuite j'ai demandé : C'est où chez toi ?

Il m'a dit : Juste après le tournant. Il s'est

arrêté, je suis sortie avant lui, j'ai couru vers les bois, pour lui échapper.

J'ai senti sa main qui m'agrippait l'épaule, j'ai reçu un sacré coup sur la tête, il m'a jetée à terre de toutes ses forces.

Il s'est assis sur moi, il pesait de tout son poids, j'ai essayé de me mettre en position fœtale pour lui échapper, ça n'a pas servi à grand-chose… Il a arraché mon jean, ma chemise, il s'est attaqué aux chaussures que j'avais empruntées à Mary.

A ce moment-là j'ai entendu la voix de Mary : Surtout ne les perds pas… Seulement s'il m'arrive quelque chose de terrible, si je me fais tuer… On avait bien ri toutes les deux.

J'avais à moitié perdu connaissance, il a essayé de me sodomiser, la douleur m'a ranimée. Je m'étais drôlement débattue, il avait l'air épuisé, il n'y arrivait pas.

Il s'est levé, il m'a flanqué deux coups de boots dans la tête, il m'a montré la colline en face : Cours par là Sarah… Il avait envie que la chasse reprenne.

J'avais mal partout, mes lèvres étaient enflées comme un ballon de foot, les larmes coulaient sur mes joues lacérées, ça me brûlait. J'étais nue, en chaussettes, j'avais juste ma veste sur moi, les ronces et les buissons me déchiraient.

J'ai atteint le haut de la colline, je suis tombée à genoux, j'ai essayé de me calmer, j'étais terrifiée, je tremblais de la tête aux pieds. Je l'ai entendu hurler : Où est mon argent Sarah ? rends-moi mon argent ! J'avais pris tout ce que j'avais pu trouver dans son portefeuille tout à l'heure.

J'ai dévalé la colline, j'ai couru à travers la forêt : s'il m'attrapait, il me tuerait. Je ne sentais plus rien, je filais à travers les branches comme un animal. Je suis arrivée sur l'autoroute, j'ai entendu une voiture, je me suis jetée dans le fossé, c'était lui, je l'ai vu passer, j'avais tellement peur qu'il revienne… J'ai attendu longtemps, couchée sous les buissons, je ne pouvais même plus respirer, je pleurais sans pouvoir m'arrêter. Je me suis mise à genoux, j'ai entendu des voitures passer. Une, puis deux… j'ai fini par me relever, j'ai marché sur la bande d'arrêt d'urgence, un type s'est arrêté, jeune, l'air cool, il avait un siège pour bébé à l'arrière.

Il m'a demandé si ça allait, si je voulais monter, la douceur de sa voix m'a rassurée. A peine j'étais assise, il a commencé à poser sa main sur mes seins. Je me suis mise à crier, il m'a jetée dehors. J'ai vu un taxi, je l'ai arrêté, le chauffeur m'a ramenée jusqu'à ma porte, il a refusé que je le paye, il m'a aidée à rentrer chez moi, il m'a roulé un joint.

Ça m'a fait tellement de bien…

Wayne souffre chaque fois qu'il le relit, ce passage.

Il a honte d'être un homme, honte d'avoir été le client d'une fille du *downtown eastside.*

C'est comme ça qu'il l'a connue Sarah, en la payant…

Un peu de sexe, un peu d'amour, contre une poignée de dollars. Le site MISSING, c'est sa rédemption, à Wayne.

Le vieux flic du DTES

Il y a pourtant un flic, dans le *downtown eastside,* un vieux flic, un brave type à cheveux blancs. Il fait ce qu'il peut, il ne sert pas à grand-chose, à quoi sert un flic en enfer…

Il discute avec les filles, il essaie de leur remonter le moral quand elles craquent. L'autre jour, Daisy, une gamine, s'est effondrée dans ses bras.

— J'en peux plus de cette vie, j'veux retourner chez mon papa.

Ça lui a brisé le cœur, à Bruce, d'entendre ça, il la connaît, son histoire. D'ailleurs c'est souvent la même.

Tout ce qu'il peut faire pour elles, c'est les écouter.

Daisy, son père l'a violée, dès qu'elle a eu six ans.

C'est pour ça qu'elle s'est enfuie de chez elle ; son père, c'est à cause de lui qu'elle s'est retrouvée ici, qu'elle se shoote du matin au soir.

— Allons, Daisy, tu sais bien ce qu'il t'a fait ton père, ce n'est pas une bonne idée, d'aller chez lui…

— Ça m'est égal, je veux rentrer à la maison, je l'aime moi, papa… C'est mon papa.

Bruce l'a accompagnée au bar d'en face, il lui a payé un chocolat.

Parfois, quand elles sont au bout du rouleau, il leur file un billet, qu'est-ce qu'il peut faire d'autre ?

Pas mal de filles de Skid Row ont été victimes d'abus sexuels dans leur enfance. Certaines étaient le sex-toy vivant de tous les hommes de la famille : le père, l'oncle, les frères, le beau-père… Une fois que le pli est pris… C'est pas pour rien qu'elles sont devenues junkies. Putes, ensuite, comment faire autrement, c'est juste pour payer la came… Dès qu'on arrête, on souffre à en crever : la spirale infernale.

Alors lui, qu'est-ce qu'il peut faire face à ça.

Un château de sable en face d'un tsunami.

Le vieux flic, Wayne aime bien discuter avec lui.

Il se souvient très bien de Sarah, il l'aimait beaucoup, comme tout le monde ici… Toujours le mot pour rire, attentive aux autres… Il a été heureux quand elle lui a annoncé qu'elle quittait Skid Row : elle venait de rencontrer un type super – c'était Wayne – elle allait refaire sa vie avec lui.

Elle lui avait sauté au cou, en prenant son sac.

Content pour elle, Bruce, mais inquiet… Il sait combien c'est dur de décrocher. Beaucoup essaient, très peu tiennent : il faut une force de titan pour y parvenir.

Et la rechute est pire encore. Souvent, l'overdose survient à la reprise… Une mort par jour à Skid Row.

Les corps, on les retrouve bleus, sous un tas de cartons, dans une ruelle sordide.

Bruce a eu le cœur brisé, quand il a vu revenir Sarah, trois semaines plus tard. Elle a repris sa place devant l'hôtel Astoria sans rien dire, avec son petit sourire, en talons aiguilles et bustier, le nombril à l'air, bien coiffée, maquillée, l'air bravache et désespéré : un vaillant petit soldat du sexe.

Toujours jolie… Comment fait-elle, après toutes ces années ? Les autres sont bien plus abîmées, et en bien moins de temps. La force qu'elle a : elle renverserait des montagnes, Sarah… Si seulement elle arrêtait de se foutre en l'air.

Il est triste, Bruce, que ça n'ait pas tenu avec Wayne…

Il ne se faisait guère d'illusions, il en a trop vu, par ici.

Alors Sarah, il n'est pas trop étonné de la revoir, il pensait même qu'elle ne tiendrait pas si longtemps.

Wayne : courageux, ce petit gars.

Quelle idée aussi de s'amouracher d'une fille de Skid Row… Il le voit bien, qu'il est pris, ses regards, la façon dont il lui parle, comment il parle d'elle quand elle n'est pas là, la lumière dans ses yeux.

— Ma femme est passée une fois, elle ne comprend pas comment je peux tenir. Elles ont besoin de moi, ces petites, elles m'appellent papy, elles me font un sourire… Tant que je suis là, les clients ne les cognent pas, devant moi ils n'osent pas, l'uniforme tout de même ça en impose, même un vieux comme moi, même ici.

C'est vrai qu'il a de l'allure, Bruce : grand, costaud malgré les années, sa crinière blanche, en képi, son insigne doré…

Un shérif à l'ancienne, un John Wayne post-moderne.

Lui aussi, ça le travaille, les Disparues, il sait bien qu'il y en a qui manquent, et de plus en plus.

Il a essayé d'alerter sa hiérarchie, plusieurs fois, mais ils l'ont envoyé balader. Un flic de base, un vieux en plus… Il est là depuis toujours, au central personne ne l'écoute, on ne le voit plus… Pour lui c'était le *downtown eastside* ou la sortie des écoles… Il ne peut plus courir, quand il marche il boitille, un gamin lui a tiré dessus à Chinatown, un braquage minable… Depuis, les patrouilles, c'est fini pour lui.

Alors il fait le piquet rue Hastings, il discute avec les filles, il leur donne des conseils… Ici il se sent utile, à sa façon : une assistante sociale en képi. Lui non plus n'a rien vu, rien entendu ; tout ce qu'il peut faire, pour celles qui manquent, c'est les compter. Il y a longtemps que le décompte a commencé.

Chaque fois que Wayne passe par là,

Bruce lui demande des nouvelles de Sarah ; il soupire quand l'autre lui répond qu'il n'en a pas, toujours rien, aucune trace.

— Il y en a tellement des *bad dates* par ici, à se demander si les types, ils viennent pas surtout pour cogner. La première bagnole qui s'arrête, elles montent, pour dix dollars, elles ont à peine vu la tête du gars. Les clients, elles les suivent n'importe où, il peut leur arriver n'importe quoi. Ces mômes, elles pèsent quarante kilos, comment veux-tu qu'elles se défendent.

Il tire sur sa pipe.

— Je leur dis toujours d'avoir un spray dans leur sac, le plus efficace c'est la bombe antiours, un pshitt sur les naseaux : même un grizzly ça le met K.-O. La police devrait leur en distribuer, des spray... Mais bon, tout le monde s'en fout de ces filles-là.

Il hoche la tête, regarde Wayne avec ses bons yeux bleus.

— Je me demande même s'il n'y en a pas que ça arrange, qu'elles disparaissent.

Geographic profiler

A force de remuer ciel et terre, Wayne et Maggie ont atteint leur but : on parle enfin des Disparues.

Ils se sont réparti les tâches : Maggie, qui présente bien, harcèle les édiles ; Wayne, qui a ses entrées dans le Vancouver *underground*, recueille les confidences de ceux qui auraient tout intérêt à se taire : une bonne alliance.

A force, cela finira sans doute par payer…

Pour le moment, c'est surtout beaucoup de bruit pour rien, mais patience.

Les filles continuent de disparaître, on en

est à quarante-neuf... Pas de nouvelles de Sarah, ni d'aucune autre.

Une seule a refait surface : elle était partie vivre à l'autre bout du pays, sans rien dire à personne, elle a décroché, elle a refait sa vie... Elle a voulu tout oublier de sa vie d'avant, elle est tout étonnée de découvrir son nom et sa photo sur le site des Disparues. En voici une au moins qu'on peut rayer de la liste.

Il en reste tout de même quarante-huit, sur lesquelles on ne sait rien, aucune trace, pas d'indices... Et toujours pas de corps. Pas un seul...

Pour la police, ces filles ont tout simplement cessé d'être là.

Elles réapparaîtront un jour, ailleurs, loin, au Mexique, au Panamà, qui sait. On va pas s'affoler pour des putes, non ?

Les médias s'en mêlent, l'opinion s'alarme, la rumeur s'emballe : les femmes sont en danger à Vancouver, que fait la police ? Elle distribue des portables aux filles du DTES, bloqués sur le 911.

Malgré les appels pressants de Maggie de Vries, le maire, Philip Owen, refuse d'offrir une récompense. « Il n'a pas les crédits »... Il vient juste de débloquer cent mille dollars afin d'identifier le cambrioleur des garages de West Van, le bon Vancouver.

Au moins le message est clair : les filles du DTES ont moins de valeur aux yeux du maire qu'un 4   4.

Là, Owen met le paquet : la police distribue des affiches pour alerter les habitants de West Van, le voleur y est représenté sous les traits d'un type brun, jeune, les cheveux longs, la mine patibulaire, en jean et blouson de cuir, une clé à molette à la main : le cliché du mauvais Indien, sorti à la nuit de sa réserve, rôdant tel un fauve en maraude.

D'ailleurs, au même moment, et c'est un signe, les coyotes sont entrés dans Vancouver, la sauvagerie est de retour.

On entend des glapissements sans fin, la nuit, à Vancouver.

Glaçant, le hurlement du coyote dans les rues désertes.

En 2000, le nombre des Disparues dépasse la cinquantaine, et toujours rien, pas une trace.

L'opinion s'émeut, les élections approchent, le chef de la police, Jamie Graham, décide de recourir à un intervenant extérieur, un flic de Vancouver établi aux Etats-Unis : Kim Rossmo, *geographic profiler*… Un expert, comme à la télé, formé à la maison, en plus, celui-là ; on ne pourra plus dire que la police ne fait rien pour résoudre le mystère des Disparues. Un profileur, ça en jette…

Ça musellera les bloggeurs, comme ce Wayne Leng ; il commence à porter sur les nerfs de Graham et d'Owen, celui-là. Un micheton amoureux d'une pute, on aura tout vu…

Et qui remue ciel et terre pour la retrouver.

Il a réussi à mettre pas mal de monde de son côté, ce Leng. Les Indiens, les écolos, les féministes, les éternels trouble-fête, mais pas seulement : la contestation gagne du terrain.

Le profileur va les calmer un peu, ces excités de la toile.

Kim Rossmo a des années de terrain et une solide formation universitaire. Il a commencé flic de base à Vancouver, il a patrouillé dans le *downtown eastside.* Il a passé un doctorat en criminologie à l'université Simon Fraser, et mis au point sa théorie de *geographic profiling.* Son ascension a fait grincer des dents, parmi les policiers de Vancouver, les anciens, du moins : Rossmo est le premier flic de base à avoir passé un doctorat en criminologie. Pour qui se prend-il, celui-là ? On n'aime pas trop ceux qui sortent du rang, par ici. Un seul agent l'a soutenu, à l'époque : l'inspecteur Biddlecombe, en charge de la brigade criminelle. Ça n'a pas suffi, l'ambiance devenait invivable, les vieux lui mettaient des bâtons dans les roues… Son doctorat en poche, Rossmo est parti aux Etats-Unis, le FBI s'intéressait à sa théorie.

Pour Rossmo, l'endroit où le criminel vit, le lieu où il choisit ses victimes, celui où il commet ses crimes, là où il dépose les corps… Autant de renseignements cruciaux pour interpeller un tueur : à partir de la carte détaillée de ses crimes, on peut remonter jusqu'à l'assassin.

Pour cela, il se sert de cartes, d'un code couleur, de points et de trajets, d'un logiciel qu'il a élaboré.

Rossmo s'est servi de sa méthode pour attraper le violeur de Lafayette : un flic chargé d'accueillir les victimes d'agressions sexuelles, devenu violeur à son tour, et qui choisissait ses proies autour de son domicile.

Chaque criminel a ses propres barrières mentales et physiques.

Le tueur de Green River, près de Seattle, a massacré une cinquantaine de prostituées qui tapinaient le long de l'autoroute qui passait devant sa maison, il déposait les corps dans la rivière coulant juste derrière chez lui.

Tel prédateur n'ira jamais chez les riches, il choisira ses proies dans les quartiers pauvres, un autre évitera systématiquement les quartiers blancs, tel autre ne tuera que des Noirs du ghetto… Un meurtrier ne frappe jamais au hasard.

Pendant des semaines, Rossmo planche sur l'énigme des Disparues. Il n'était pas revenu à Vancouver depuis des années, la ville a bien changé. L'immobilier a flambé, les richissimes Chinois de Hong Kong ont débarqué, l'écart entre les riches et les pauvres s'est creusé. La drogue a détrôné l'industrie du bois, les Hell's Angels contrôlent la cité, le DTES est surpeuplé, putes et junkies prolifèrent…

Il doit y avoir un lien entre toutes ces données.

Pas de corps, pas de scène de crime, aucun indice.

Aucune trace, pas d'ADN, rien… Il faut partir de zéro, se servir avant tout de son cerveau.

Retour au terrain : Kim sort la nuit dans le DTES, il parle aux filles, les interroge… Il rencontre Wayne Leng un soir dans un bar, ils restent des heures à parler.

Wayne lui raconte ce qu'il sait, Kim écoute, il lui donne quelques conseils pour améliorer son site, ils échangent leurs adresses… A l'aube il rentre au Hilton, réfléchit.

La courbe des disparitions devient exponentielle, on a affaire à un tueur en série organisé, quelqu'un qui a les moyens de faire disparaître les corps, sans être repéré.

Ce type est un familier du *downtown east-side*, les filles le connaissent, il a un truc pour les attirer.

Le tueur de Green River est venu plusieurs fois à Vancouver. Aurait-il rencontré quelqu'un ? Un émule, un disciple ?

A Seattle les victimes étaient noires, ici

elles sont souvent indiennes... Quand on l'a arrêté, il en avait tué cinquante.

Si on ne l'avait pas démasqué, il aurait continué, ces types-là ne s'arrêtent jamais, ils jouent avec la police.

Pourquoi renoncerait-il à traquer ses proies, le tueur du DTES ? Il a besoin de son shoot d'adrénaline, il ne pourra jamais s'en passer.

Rossmo rédige un avis destiné aux médias, afin de mettre en garde les Vancouverois, les femmes, surtout.

Les vieux de la vieille se réveillent, tout le staff d'anciens est ligué contre lui – eux, les putes, si elles pouvaient toutes disparaître, ça les arrangerait plutôt, ils la détestent, cette engeance. Plutôt racistes, les vieux, les Indiens, faut pas leur en parler, les Indiennes encore moins : on n'en sera donc jamais débarrassé, de cette sale race qui survit grâce au Wellfare ! C'est ce que pensent les anciens, sauf Bruce, bien sûr, mais lui, il compte pour du beurre de cacahuètes...

L'initiative de Rossmo agace le chef de la police. Depuis son retour, Graham est harcelé par ses sbires, on a du mal à lui pardonner d'avoir fait revenir ce petit flic prétentieux monté en graine... Graham détruit la note de Rossmo, il lui inflige un blâme et le renvoie.

Un serial killer à Vancouver, tueur de putes, et puis quoi encore... Bien sûr, il en manque, et alors !

Est-ce qu'on fait l'appel des cafards chaque matin dans les chambres d'hôtel pourries du *downtown eastside* ?

Rossmo est fou de rage : il sait bien que les femmes sont en danger, à Skid Row, il sait bien que, si on ne fait rien pour l'arrêter, le tueur en tuera des dizaines d'autres... Il ne décolère pas : pas question de s'en aller comme ça, chassé une fois de plus comme un malpropre, par ceux-là mêmes qui l'ont forcé à quitter Vancouver une première fois, il y a cinq ans déjà ! Il a fait ses preuves depuis, non ? Combien d'affaires résolues grâce à lui aux Etats-Unis... Combien de victimes potentielles sauvées, grâce à sa théorie ? Et là, dans sa ville natale, qu'il connaît comme sa poche, où un tueur se déchaîne depuis des années, on l'empêche d'agir ? Pourquoi l'avoir fait revenir, alors… Qui parle de changement ? Ce sont toujours les mêmes qui tiennent le pouvoir, les mêmes vieux flics amers, rancis…

Wayne lui ouvre une tribune sur le site MISSING, Rossmo ne mâche pas ses mots : si les Disparues avaient vécu dans les bons quartiers de Vancouver, si elles avaient été des femmes blanches convenables, la police ne serait pas restée si longtemps sans réagir, on aurait déjà arrêté le meurtrier.

Pour lui, la police est fautive, à double titre : complice par omission.

Ulcéré, révolté, Kim Rossmo décide de rentrer aux Etats-Unis, après avoir porté plainte contre Philip Owen et Jamie Graham, pour non-assistance à personnes en danger.

Il sait qu'il y aura d'autres victimes… Ce

genre de tueur, il connaît… A ce stade d'impunité, le tueur est grisé, il se prend pour Dieu.

Après son départ, les internautes se déchaînent, suite aux révélations du site MISSING : il y a un tueur de femmes à Vancouver… Que fait la police ? ça s'agite, ça s'agite…

Les différents services préfèrent se tirer dans les pattes plutôt que d'unir leurs forces, tous refusent l'idée du serial killer.

Ils pensent à une série de crimes isolés, une succession de *bad dates*, une suite de hasards malencontreux. Ce sont des instables, ces filles : un jour ici, une nuit là. Bruce sait très bien que la plupart restent ici à vie : prisonnières du *downtown eastside.* Il est inquiet, il a parlé à Rossmo. Lui non plus n'a rien vu, rien entendu. On parle d'un fermier de Coquitlam, mais bon… Ça grouille de rumeurs, depuis pas mal de temps, Skid Row, va-t'en démêler le vrai du faux.

Quelques flics penchent pour l'hypothèse de Rossmo, des femmes, surtout.

Au moment où Kim claque la porte, le nombre des Disparues frôle la soixantaine.

Un article d'un journaliste du *Vancouver Sun* contacté par Leng et Rossmo sème la panique : et si le tueur du DTES s'en prenait aux femmes des autres quartiers ? Il pourrait bien étendre son champ d'action, non ?

Pour calmer le jeu, le maire promet une récompense de cent mille dollars à quiconque aidera à retrouver les corps des filles. Qu'on en déterre au moins un, ça occupera les journalistes, ils auront un os à ronger !

La chatte noire

Chaque semaine, Wayne fait paraître un passage du Journal de Sarah sur MISSING. En le tapant, mot après mot, il a l'impression de se glisser dans sa peau, il devient Sarah.

Jamais il ne s'est senti aussi proche d'elle.

La retrouver, morte ou vive, est devenu son obsession, il s'est mis en disponibilité de son travail chez Chevrolet pour lui consacrer tout son temps.

Souvent le soir, il lit son Journal à haute voix.

Sa voix à lui, ses mots à elle.

Elle est ici, dans la pièce, à ses côtés, dans

les yeux d'or de la chatte ramassée par elle rue Princess, et qu'elle lui a confiée avant de disparaître :

— Elle est noire, elle porte malheur, prends soin d'elle comme si c'était moi.

La chatte, il l'a appelée Sarah.

Ici, tout est différent. Une ligne invisible sépare votre monde du mien. Il y a tant de choses que vous, les gens normaux, vous ne pourriez pas comprendre. Nous avons des règles, nous devons les suivre... Certains, parmi vous, disent que je suis passée de l'autre côté du miroir... C'est vrai, nos mondes sont séparés. Vous avez vos lois, votre justice, et ça marche... Tout ce que j'ai, c'est mes mots.

Si mes mots n'avaient pas été assez forts je ne serais plus là aujourd'hui. Ce sont eux qui me maintiennent en vie.

Ça fait un bout de temps que je vis par ici. Plus longtemps que vous ne pensez. Je sais ce que c'est que la haine.

Je hais tellement, et si fort, que ça consume mon âme. Jusqu'aux cendres. Je m'endors avec ma haine, elle est ma compagne, ma passion, elle sera ma perte, aussi.

Elle est en moi, au plus profond, elle veut que je la laisse sortir, mais je ne peux pas, je ne serais rien sans elle…

Ce n'est pas parce qu'on m'a fait du mal que je dois précipiter les autres en enfer… J'ai du mal à contrôler le feu qui est en moi. Parfois j'explose, et cela ne tombe pas toujours sur la bonne personne…

Si la vie avait été moins rude avec moi, je n'en serais pas là aujourd'hui. J'ai tant souffert, reçu tant de coups, je suis morte tant de fois.

Cela fait longtemps que je devrais être sous terre…

Je sais que quelque part, un ange veille sur moi.

Il m'aide à supporter la douleur, il m'insuffle de la force quand je suis à bout. Si un jour il m'abandonne, alors je ne donne pas cher de ma peau.

La première fois

Wayne pense souvent à la première fois qu'il a vu Sarah.

C'était un dimanche après-midi, il sortait d'un *dim sun* avec des amis, un couple avec trois enfants, il avait passé un bon moment, en même temps il se sentait mélancolique en rentrant : quarante-six ans, et toujours pas de femme ni d'enfant.

Pas si facile : dès qu'il fait l'amour avec une femme il s'attache. D'abord il ne baise pas, à la différence de ses potes, ceux qui bossent avec lui chez Chevrolet… Wayne lui, il fait l'amour, tout simplement.

C'est rarement des romantiques, les types qui vendent des bagnoles... Il y en a même, au boulot, qui pensent qu'il est pédé. Il laisse dire, il s'en fout de ce qu'on dit de lui chez Chevy.

Alors ce dimanche-là, il sortait de chez Pearl, le meilleur *dim sum* de Vancouver, il avait besoin de marcher, il voulait longer l'océan, il est passé sans y penser par le *downtown eastside.*

D'habitude il fait comme tout le monde, il évite le quartier, on se sent trop mal quand on passe par là, on détourne les yeux, ne pas voir les corps à terre, les yeux blancs, révulsés.

Ce dimanche-là, Sarah l'attendait.

C'est ce qu'il s'est dit, après.

Elle fumait, adossée à la vitrine de l'hôtel Astoria, elle blaguait avec son amie Sheila.

Elle était craquante, avec sa tignasse brune, ses grands yeux noirs, son sourire immense, son tailleur fuchsia...

— Jamais vu une aussi belle femme de ma vie…

Sa copine, Sheila, longue et fine, en jean, blonde aux yeux bleus… On aurait dit une étudiante.

On ne se serait jamais douté de la vie qu'elles menaient, ces deux-là, en les voyant se marrer devant la vitrine de l'Astoria.

Il a marché vers Sarah, c'était plus fort que lui.

— Toi t'es mignon, je te ferai un prix.

Il n'a pas dit non, il n'a pas demandé combien, elle lui a pris le bras.

— Tu veux bien marcher un peu avec moi au bord de l'eau, à Jericho ?

Elle a ri.

— T'es un pervers, toi…

On était en juin, il faisait beau, même si dans le DTES, on ne voit pas vraiment la différence, par beau temps c'est pire encore.

— Ça fait un peu cher la balade, t'es un nabab ?

— Pas vraiment…

— Je te ferai un prix alors…

Ils ont mangé un sandwich aux huîtres sur la terrasse du Galley, elle avait presque l'air d'une fille comme les autres, la tenue mise à part : peu de filles en Chanel et talons aiguilles par ici. Elle parlait, elle riait, elle était drôle et fine, Sarah.

En rentrant, ils sont passés devant l'hôtel Vancouver, juste derrière le resto, la grande baraque en bois blanc qui ressemble à la maison de Norman Bates dans *Psychose*.

Elle l'a pris par le bras, elle l'a poussé vers l'entrée.

— Allez viens, chéri : je vais t'en donner pour ton argent.

Ils ont pris la chambre tout en haut, la seule qui restait.

Elle s'est mise à genoux, elle a descendu sa braguette, il l'a relevée : Pas comme ça Sarah.

Il l'a embrassée, elle a reculé : J'embrasse pas.

— Embrasse-moi, je te donnerai ce que tu voudras.

— T'es vraiment dingue, toi…

Ils ont fait l'amour, elle a joui plusieurs fois, ensuite ils ont fumé, blottis l'un contre l'autre, sur le lit.

— D'habitude, je jouis jamais avec les clients, là tu m'as eue.

Ils sont sortis, il l'a ramenée devant l'hôtel Astoria.

Ça a duré deux ans, avec des hauts et des bas.

Wayne était accro : sa drogue à lui c'était Sarah.

Elle, ce qu'elle ressentait, elle l'écrivait dans son Journal.

Il n'y est jamais question de Wayne, pas une fois, à croire qu'il n'existait pas pour elle.

C'est pour ça qu'il la cherche partout, Sarah, pour jouer enfin un vrai rôle dans l'histoire.

La femme-pasteur

Chaque dimanche, depuis la disparition de Sarah, Wayne assiste à la messe de midi dans l'église du *downtown eastside*.

La femme-pasteur s'est adaptée au mode de vie des putes et des junkies. Pour elle, ils sont le troupeau à guider, les âmes à sauver, elle joue vraiment son rôle, avec eux.

L'église est toujours pleine, des centaines de personnes assises par terre, drapées dans des couvertures été comme hiver : les junkies ont toujours froid… Il y en a même qui se fixent derrière un pilier.

Les filles de Skid Row y sont toutes, elles

ne manqueraient la messe pour rien au monde, qu'elles croient en Dieu ou non, ça n'a pas d'importance, c'est un des rares moments de leur vie où elles ont l'impression d'exister réellement, elles se sentent considérées comme des êtres humains, et pas comme un morceau de viande.

La femme-pasteur, elle sait que des filles disparaissent par ici, elle en parle, elle les met en garde… Dans l'assistance en l'écoutant les filles pleurent, certaines s'effondrent…

Elles viennent la voir, après le sermon, elles lui parlent d'elles, de leurs peurs, de leurs enfants, elles disent combien ils leur manquent… Elle ne juge pas, elle les comprend, elle trouve les mots qu'il faut pour apaiser.

Wayne, c'est Sarah qui l'a amené ici, la première fois.

Elle y venait souvent, ça lui rappelait les sermons du dimanche, dans la petite église de campagne, près de la ferme des de Vries, en Ontario, quand elle était enfant, avec Pat, Jan, Peter, Maggie, Mark, le chien et le chat… Le temps heureux où elle avait une famille, où elle était aimée, choyée, entourée…

Avant qu'elle traverse les sept cercles de l'enfer.

Rendez-nous le corps des enfants !

Quand il n'assiste pas à la messe des putes et des junkies, Wayne rejoint un autre prêtre, défroqué celui-là, pour un tout autre rendez-vous.

Chaque dimanche, une petite troupe composée d'une vingtaine d'Indiens et de quelques Blancs, dont Wayne, parfois, et le révérend Kevin Annett, occupe le parvis d'une église, chaque semaine différente, en brandissant une banderole :

RENDEZ-NOUS LE CORPS DES ENFANTS !

Les paroissiens baissent le nez, ils font

comme si de rien n'était, certains s'arrêtent et discutent.

Les enfants dont il est question ont disparu il y a des années, mais leur souffrance est encore vive, celle des survivants aussi.

En 1860, après la terrible épidémie de variole qui extermina neuf Indiens sur dix sur la côte nord-ouest, on décida d'arracher les enfants survivants à leur tribu. Pour sauver leur âme, on confia leur éducation à des prêtres, dont le mot d'ordre était : « KILL THE INDIAN IN THE CHILD. »

Le résultat dépassa largement les espérances.

Dans ces orphelinats particuliers, qui ressemblaient plutôt à des camps de concentration pour enfants, un résident sur deux mourait. Privations, sévices sexuels, épidémies, mauvais traitements... On mit même au point une chaise électrique en modèle réduit pour les récalcitrants, ceux qui s'obstinaient à parler leur langue, ceux qui mouillaient leur lit.

C'était un spectacle pour les visiteurs de marque, de voir ces petits Indiens sanglés, secoués de soubresauts, et qui jetaient bras et jambes en tout sens.

Les enfants tombaient comme des mouches, dans l'indifférence générale.

Les corps, on les enterrait à la va-vite, sans même en informer la famille, les médecins faisaient des certificats de complaisance... Et cela dura jusqu'en 1970.

Ce sont les corps de ces enfants que les Indiens réclament chaque dimanche sur le parvis des églises de Vancouver. Kevin Annett, le prêtre qui dénonça le scandale, fut pour cela chassé de son église, et harcelé par sa hiérarchie.

On peut voir en ligne les témoignages bouleversants qu'il recueillit, dans le documentaire qui le fit connaître : *Unrepentant.*

Ses ennemis l'appellent le grand sauveur blanc, Noam Chomsky a écrit qu'on devrait lui donner le Nobel de la Paix : « C'est en partie grâce à lui que ce drame fut enfin révélé au public, et que les survivants ont obtenu réparation. »

Un musée de la mémoire doit être créé dans un de ces pensionnats, au nord de Vancouver : une baraque en brique noire, sinistre…

Dans le terrain qui l'entoure, on a découvert un charnier d'enfants, en voulant y creuser un parking.

En 2008, Stephen Harper, le Premier ministre du Canada, a demandé pardon aux Premières Nations pour les *residential schools.*

En 2009 le pape a présenté ses regrets, au nom de l'Eglise catholique, à une délégation d'Indiens reçus au Vatican, mais il a refusé de demander pardon.

La déchéance de bon nombre d'Indiens aujourd'hui, leurs conditions de vie souvent déplorables, alcoolisme, drogue, familles détruites, violences, prostitution… Autant de conséquences des *residential schools*, selon Annett.

Après la fermeture de ces pensionnats, on

plaça les enfants dont les mères n'étaient pas jugées aptes dans des familles blanches. Jean Chrétien, Premier ministre canadien, adopta un bébé indien qui disjoncta à l'adolescence : drogue, violences, viols même... Jusqu'à ce qu'il finisse par retrouver la trace de sa mère biologique, et s'apaise enfin.

Sa dérive fut celle de bien des enfants indiens placés, c'est aussi l'histoire de Sarah de Vries, voici ce qu'elle en dit dans son Journal :

Je ne comprends pas comment l'agence d'adoption peut confier un enfant de couleur à une famille blanche. Comment peut-on penser que cela n'aura pas de conséquences tragiques sur l'enfant ? Autour de lui, il ne verra que des gens qui ne lui ressemblent en rien, il sera en butte au racisme, au rejet et à la moquerie, et sa famille adoptive ne pourra rien faire pour empêcher ça. C'est ce qui m'est arrivé à moi, c'est l'histoire de ma vie, et c'est à cause de ça que j'ai échoué ici.

Je n'appartiens à aucun peuple, à aucune

nation, je ne suis ni blanche, ni noire, ni indienne… Je ne suis rien, je suis seule au monde. Je me vends pour quelques dollars, je ne suis personne, tout le monde peut m'avoir… Une chose qu'on achète, qu'on méprise et qu'on jette. Qu'on humilie, aussi. C'est ça que les hommes viennent chercher ici : quelqu'un tombé plus bas qu'eux.

Je n'ai que mes mots pour me défendre.

Mes mots, un stylo et du papier : voilà mes seules armes.

Est-ce que ça suffira à me garder en vie ?

En moi, chaque jour la peur grandit, elle prend toute la place, elle est plus puissante que la haine.

Que vais-je devenir si je n'ai plus la rage de me battre ?

Sarah est morte

Un samedi soir, vers minuit, Wayne reçoit un coup de fil sur son portable. Son numéro est sur le site MISSING, il arrive parfois qu'on l'appelle… Jamais si tard.

— *Sarah est morte…* murmure une voix d'homme, étouffée.

On entend de la musique, fort, comme s'il était dans un night-club, on entend des gens parler, crier même, en arrière-fond, les sons résonnent bizarrement, comme dans un hangar. Wayne était en train de s'endormir sur le site MISSING… L'appel l'a tiré de sa torpeur.

Ce pourrait être un canular, mais il a la certitude que l'homme ne plaisante pas. Un souffle, la musique fort, genre heavy metal, quelque chose de violent... Le type murmure plus qu'il ne parle, il respire fort, sa voix semble venir de loin, il raccroche.

Un quart d'heure plus tard, nouvel appel.

Toujours la même voix, le même vacarme.

L'homme susurre, comme s'il masquait sa bouche avec sa main.

— *Sarah est morte, et bientôt il y en aura d'autres, beaucoup d'autres... chaque vendredi soir, je tuerai une nouvelle putain.*

Dix minutes plus tard, nouvel appel.

Le ton de l'homme est différent, net, la voix n'est plus masquée. Ou alors c'est une autre voix ? Difficile à dire, avec tout ce bruit.

— Tu ne reverras jamais Sarah – jamais. Alors arrête de la chercher, pigé ? Elle ne veut plus qu'on parle d'elle ni qu'on la cherche : elle est morte. T'as compris ? Morte !

Un dernier coup de fil, cinq minutes plus tard :

— C'est à propos de Sarah. Tu ne la reverras jamais : un ami à moi l'a tuée, j'étais là quand c'est arrivé. Alors arrête de la chercher.

Le type n'a jamais rappelé.

Wayne a signalé les appels à la police, il a tout noté, les propos de l'homme, son ton, les bruits de voix, de verres, la musique… Les flics ne bronchent toujours pas.

Wayne ne parvient plus à trouver le sommeil, ses nuits sont entrecoupées de cauchemars. La voix du type, la musique, Sarah en sang, qui l'appelle, quelque part… Loin, très loin, où il ne peut plus l'atteindre.

Sarah, morte, et toutes les autres… Plus d'espoir.

Juste celui de trouver enfin un corps.

Sarah, reine de Sabbat, c'est comme ça qu'il aimait l'appeler, en brossant ses longs cheveux noirs, épais, bouclés, avec une brosse très douce, en soies de porc, lentement, interminablement. Qu'ils deviennent électriques, qu'ils se dressent, comme les piquants d'un porc-épic… ça l'apaisait, ça la calmait.

— Wayne, tu me fais du bien, elle lui disait, en caressant ses mains. Continue, t'arrête jamais…

Ils sont toujours sur la brosse, ses cheveux noirs, enroulés.

Tout ce qui lui reste de Sarah.

Les trois hommes de Sarah

Sarah a eu trois hommes dans sa vie : Wayne, son père, et Charlie.

Wayne, qui l'aimait, et lui donnait sans cesse de l'argent, d'abord en tant que client, pendant deux ans, ensuite en ami… La lecture du Journal de Sarah, ce qu'il a découvert en le lisant – ce qui se passe dans la tête d'une fille qu'on paye, le dégoût qu'elle éprouve pour ses clients, la brutalité avec laquelle les hommes la traitent… Après l'avoir lu, il est incapable de lui demander quoi que ce soit en échange de l'argent qu'il lui donne, pour qu'elle achète son héroïne, pour ne plus la voir souffrir quand elle est en manque… Il l'aime, d'un amour absolu, qui dévore sa vie, qui le consume, il lui donne tout ce qu'il a, sans rien attendre en retour… Elle est tout pour lui, Sarah. Elle a ses clés, elle vient chez lui quand elle veut, c'est ici qu'elle dessine, peint, écrit… Il a acheté pour elle du papier, des toiles, de la peinture, des crayons de couleur, des pastels, des feutres, des carnets… C'est chez lui qu'elle a dessiné les beaux alphabets colorés qu'elle a envoyés à ses enfants, Ben et Sarah, qu'elle ne voit pour ainsi dire jamais…

Leurs photos sont toujours avec elle, elle les montre à tout le monde, toutes les filles du DTES connaissent leurs petites bouilles rondes… Ils ont la beauté de leur mère, son sourire, ses dons pour le dessin, son goût pour la poésie.

Sarah-Jean et Benjamin sont nés accro à l'héro, comme presque tous les bébés du *downtown eastside,* nés junkies : le jour de leur naissance, ils ont été placés dans un centre de désintoxication pour nouveau-nés.

L'aînée, Sarah-Jean, est née du seul grand amour de Sarah : Charlie, un bel Indien brutal, qui la rudoyait, la frappait même, et vivait de l'argent qu'elle lui donnait.

Avec lui, elle a vécu dans une petite maison en bois rue Princess, une baraque tout le temps en bordel, au cœur du *downtown eastside*, où filles et junkies passaient sans arrêt... Une maison entourée d'un petit jardin luxuriant : des tournesols, des tomates, des roses, des haricots, des fougères... Charlie avait la main verte.

Comme beaucoup d'Indiens, Charlie a eu une enfance dévastée : placé tout jeune, comme ses sept frères et sœurs, dans une ferme où on le maltraitait et l'exploitait... Son frère aîné, qu'il adorait, et qui en avait la tutelle, on l'a retrouvé pendu un matin. Après ça, Charlie a dégringolé, une chute sans fin, jusqu'au DTES. Malheureux, incapable d'aimer, de faire quoi que ce soit de sa vie, à part de se défoncer, il cognait la seule fille qui l'aimait : Sarah.

Le seul moment où il a manifesté de la tendresse, c'est le jour où il a pris sa fille dans ses bras, juste après sa naissance, avant qu'elle soit emmenée dans le centre de désintox pour bébés de Vancouver…

Il ne devait la revoir que des années plus tard.

Le deuxième enfant de Sarah, Benjamin, est né d'un client qui avait refusé de mettre une capote ; Charlie lui en a beaucoup voulu pour ça. Tout le temps de sa grossesse, il l'a insultée et harcelée : Tu n'es qu'une pute, Sarah, une sale pute, une truie…

Et pourtant, Sarah, c'était Charlie qu'elle aimait.

Le troisième homme, ou le premier ? dans la vie de Sarah, celui qui lui a manqué le plus, c'est son père, Jan de Vries.

La dernière fois qu'elle l'a vu, c'est le jour où elle a accouché de sa fille, à la maternité.

Elle était en pleine crise de manque, deux

heures sans se piquer, malade à crever... Une heure après l'accouchement elle a essayé de se sauver de l'hôpital pour rentrer au DTES, vite, trouver de quoi se shooter... Les infirmières l'ont rattrapée dans l'ascenseur, elle s'est débattue juste avant que les portes se referment sur elle, maîtrisée par les deux femmes en blouse verte, elle a hurlé :

— Papa aide-moi ! je t'en supplie AIDE-MOI !

Jan de Vries s'est enfui de la maternité, il n'a plus jamais revu Sarah.

Il ne pouvait plus supporter l'enfer qu'elle leur faisait vivre à tous depuis des années.

L'idée de sa fille prostituée, plus encore que la drogue, lui était insupportable.

Quand elle a accouché de Ben, Sarah a été prévoyante : avant de partir pour la maternité, elle avait caché une seringue dans son épaisse chevelure, elle a pu se piquer en salle de travail :

— Pour moins souffrir pendant l'accouchement, elle a dit, pour se justifier.

Au point d'addiction où en était le bébé, une dose de plus ou de moins, ça ne faisait pas grande différence…

Jan de Vries était à Crab Park le 12 mai 1999, le jour où on a inauguré le banc des Disparues.

Il avait écrit un texte, il comptait le lire…

Au dernier moment il est resté à l'écart, trop bouleversé pour intervenir… Wayne a pris le *talking stick* à sa place, il a lu le passage du Journal de Sarah où elle parle de sa solitude terrible à Noël, seule dans le *downtown eastside*…

Un avant-goût de la mort.

Héroïnes

Pendant des années, Lincoln Clarkes, photographe installé à Vancouver, a fait le portrait des filles du *downtown eastside.*

Il est aussi photographe de mode, de plateau… Il est fasciné par ces filles, au point d'avoir loué un studio rue Hastings.

— Je les traite comme si elles devaient faire la Une de *Vogue,* comme si chacune était Sharon Stone. J'ai pris pas mal de photos de Sharon… Bien sûr c'est une femme superbe, mais ces filles sont plus intenses, elles ont plus de présence…

Il avait prévu de faire une série, le jour de la fête des Mères.

Il y avait tellement de filles au rendez-vous… Elles attendaient dans la rue, elles s'étaient passé le mot.

Lincoln a décidé de prendre une photo de groupe, une vingtaine de filles appuyées les unes sur les autres, graves ou souriantes, rieuses ou tragiques.

La plupart de ces filles ont des enfants, plusieurs même, trois en moyenne, elles les voient rarement, certaines jamais, d'autres appellent tous les jours, pour leur parler.

Alors la fête des Mères, forcément, ça réveille la blessure.

Lincoln a de la tendresse pour ces femmes, et du respect.

Avec toutes ses photos, il a monté une expo : *Heroïnes.*

Ces filles sont toutes accro à l'héro… Certaines, il les a prises une aiguille plantée dans le bras, comme celle-là, Debra, une jeune Indienne, les yeux révulsés, effondrée devant une pub Calvin Klein, Kate Moss en jean… Qui est la plus belle, Kate ou Debra ? Lincoln préfère Debra.

Elle a fait scandale à Vancouver, cette image : la fille, la pub, l'aiguille… Ensuite, *Heroïnes* est devenu un livre.

Une image parmi d'autres, qui reste imprimée sur la rétine, une fois le livre refermé : une Indienne, brune aux yeux bleus, belle, visage dur, une tête de mort tatouée sur son cou…

On ne voit qu'elle, elle l'emporte sur la fille réelle, c'est la mort qui gagne.

Une de ces filles était son amie, dans une ancienne vie, ils avaient fait les beaux-arts ensemble. Elle, sa passion, c'était la danse, elle appartenait à une troupe, ça marchait pour elle… Tout le monde se droguait à l'époque, on essayait des trucs, c'était la mode… La danseuse, l'héroïne lui est tombée dessus, elle l'a engloutie.

Quand il l'a revue, dix ans plus tard, elle

tapinait rue Princess, elle avait oublié la danse, oublié qu'elle avait jamais dansé.

Il lui a posé une question idiote, la première qui lui est venue à l'esprit :

— Tu vis toujours à Vancouver ?

Elle lui a répondu, avec un sourire amer :

— Je meurs à Vancouver.

Un soir, elle a essayé de l'appeler, il était à New York, il a trouvé son message à son retour… Elle était morte d'overdose.

— Un appel au secours… Si j'avais été là, j'aurais peut-être pu la sauver ? Je m'en suis voulu, d'avoir été loin.

La danseuse est l'une des héroïnes du livre.

Neuf de ces filles, depuis, ont disparu.

Tout ce qui reste d'elles, c'est une photo, prise par Lincoln Clarkes, debout, en pied, adossées à un mur gris, assises sur un canapé défoncé, dans un terrain vague, bien cadrées.

Il y en a une, c'est le lendemain qu'elle a disparu, juste après la prise de vue. Comme si le cliché l'avait avalée.

Les disparues de Vancouver

La fille n'est plus, elle est devenue une image, une icône, une héroïne.

Le livre, Sarah n'y est pas, elle avait déjà disparu.

Le port, la nuit

Sarah, Wayne sait précisément où et quand elle a disparu : un lundi matin très tôt, vers six heures, à l'angle de Princess et d'Hastings. Elle était sortie avec son amie Lynn, se faire un peu de fric, à l'heure où les travailleurs partent au boulot, une petite pipe avant le turbin. Lynn est montée dans une voiture, le type et elle ne se sont pas mis d'accord sur le prix, elle est ressortie aussitôt… Sarah n'était plus là, à croire qu'elle s'était envolée. En une minute.

Pour les filles, il y a une façon de se faire pas mal d'argent, seulement, il faut le vouloir : c'est d'aller sur le port, le jour où un cargo débarque.

Les marins n'ont pas vu de femmes depuis des mois… La fille, tout l'équipage lui passe dessus, certaines restent trois jours et trois nuits, elle ressort groggy, à peine capable de mettre un pied devant l'autre…

Sarah est déjà passée par là, elle ne se sentait pas de recommencer.

Un Chinois, monsieur Lee, vient régulièrement dans le DTES, chercher des filles pour les marins… Certaines ne sont jamais revenues.

C'est ce que Sarah lui a dit, à Wayne, c'est pour ça qu'elle a arrêté d'y aller.

La fille, l'équipage la garde prisonnière, le cargo repart avec elle, ils s'en servent en mer jusqu'à ce qu'elle soit trop abîmée, ils la jettent dans l'océan.

Il en traîne, du monde, sur le port la nuit, et pas du meilleur : Hell's Angels, Bandidos, Dragons Rouges… Les gangs se disputent le marché de la drogue, ils se livrent une guerre féroce, il y a des morts, des gars qu'on retrouve un couteau dans le dos... De la came aux filles, il n'y a qu'un pas.

Et si c'était le port qui les aspirait, et si c'était dans l'océan qu'elles finissaient, les Disparues...

Un rendez-vous dans la nuit

Depuis les appels de l'autre nuit – *Sarah est morte* – Wayne ne dort plus, il lit et relit sans cesse le dernier mail de Sarah.

Il l'a imprimé, agrandi, affiché au-dessus de son lit.

Un mail. Rien de plus banal, en apparence, mais pas pour elle : jamais sûre de l'endroit où elle va passer la nuit, pas de portable bien sûr, pour l'envoyer, elle a dû aller dans un cyber-café, elle n'a pas l'habitude de ce genre d'endroit, c'est dans la rue qu'elle vit.

Pour elle, un mail c'était une étape, un

pas vers une vie normale, celle des autres, ceux qui ne se défoncent pas du matin au soir, celles qui ne se vendent pas.

Ceux qui repartent soulagés du centre de dépistage, avec le test du Sida dans la poche…

Sarah, elle, était plombée depuis des années.

Pas étonnant, avec la vie qu'elle mène…

Les shoots, les seringues qu'on partage, les clients qui refusent la capote, elle ne peut pas dire non, pas le choix, il lui faut du cash pour un fix, vite, tout de suite…

Au moins, cette saleté, elle ne l'a pas transmise à ses enfants, elle l'a gardée pour elle, c'est déjà ça.

C'est tout ce qu'elle veut désormais : garder sa misère au fond d'elle-même, tout encaisser, faire barrage, que ses enfants grandissent heureux, loin d'elle.

Ben et Sarah vivent avec leur grand-mère dans une ferme en Ontario, la sœur de Pat vit avec eux, Jean Little, un auteur pour enfants célèbre au Canada... Maggie a suivi ses traces : elle aussi publie des livres pour la jeunesse, elle donne des cours à l'université, sur la littérature pour enfants.

Tout le monde va bien chez les de Vries, sauf elle, Sarah, un désastre... On vous avait bien dit qu'il fallait pas l'adopter cette petite, on vous l'avait dit que ça ne vous vaudrait que des ennuis... Mais non, ils ont voulu jouer les bonnes âmes, et voilà le résultat : Sarah, 29 ans, séropo, pute et junkie.

Some are born to sweet delight, some are born to the endless night... Sarah a toujours aimé la poésie, les poètes parlent sa langue à elle, celle de la rage, du désespoir et de la souffrance, celle de la grâce aussi.

Lutter contre l'amertume, la haine... Se battre, chaque jour, chaque nuit, survivre, pour Ben et Sarah.

Ils sont si beaux tous les deux sur les photos, leurs cheveux bouclés, leurs grands yeux noirs, leurs petites bouilles hilares… Son portrait craché, moins le malheur.

La vie au grand air, la ferme, les animaux, les veaux, les vaches, les poules, les cochons, le tracteur… Ce qu'elle a pu s'amuser, là-bas, avec ses frères et sa sœur… Ils allaient à la pêche au ruisseau, ils ramenaient des gardons pour le déjeuner, Pat les faisait frire, elle adorait le bruit quand ça grésillait… Elle les mangeait avec les doigts, elle donnait les arêtes au chat.

Pourquoi est-ce que sa vie a basculé, sa vie à elle ?

Après Sarah, les de Vries ont adopté un autre enfant, Mark, de mère hollandaise, blond aux yeux bleus, comme eux tous, il ressemble comme un frère à Peter et Maggie, personne n'a jamais fait de différence entre lui et les autres.

Mark n'a jamais posé de problème : c'est un de Vries.

Sarah, elle, a toujours été à part.

Belle, drôle, douée, pleine de vie… Pulvérisée en plein vol.

Pourquoi les autres sont-ils heureux, et pas elle, jamais elle.

Maudite, elle se sent maudite…

Sa mère biologique est morte en HP, c'est tout ce qu'elle sait d'elle, elle n'aime pas y penser.

— Moi, au moins, on m'enfermera jamais, je suis pute, d'accord, mais je vis dehors… Je suis libre ! Libre…

Dans ses mails, sa syntaxe, son orthographe sont impeccables. Sa façon de s'exprimer aussi. Ça devient rare, même chez les gens normaux. Et c'est ça qui déchire Wayne, quand il le relit. Dans un mail précédent, elle lui demandait le téléphone de Pat, sa mère, et de Maggie, sa sœur, elle souhaitait reprendre contact, pour les enfants.

Wed, 26 nov 1997 17.2.0.
From Sarah de Vries – s_de vries@hotmail.com

To wleng@direct.ca
Cher Wayne,
Merci pour les numéros de Pat et Maggie : je vais les appeler, je vais pouvoir envoyer des cadeaux à Sarah et Ben. Je viens de toucher le wellfare, je vais les gâter, ce mois-ci tout ce que j'ai ce sera pour eux.
Je suis à la rue, une fois de plus, je me suis encore fait mettre à la porte, à cause de Charlie, bien sûr…
C'est terrible comme je peux être stupide parfois, dans le choix des gens qui m'entourent.
Je t'embrasse, encore merci,
Sarah.
(Désolée d'apprendre qu'on t'a volé tes papiers)

Ce mail : la dernière trace de Sarah.

Combien de fois a-t-il espéré voir son adresse clignoter sur sa messagerie… Chaque fois qu'il reçoit un courriel, il a la gorge nouée, c'est plus fort que lui.

Trois semaines après le coup de fil –

Sarah est morte – Wayne reçoit un appel en pleine nuit. Il ne dort pas, il actualise le site MISSING, d'autres filles disparues, toujours, sans cesse....

La dernière il y a huit jours, Kathy, elle était sortie de taule le matin même, elle devait rentrer chez elle, sa mère et son petit ami l'attendaient, elle a fait un détour par le DTES, un peu de fric, deux-trois clients à la volée, pour acheter des cadeaux, une bouteille, ne pas rentrer les mains vides...

Ils l'ont attendue toute la nuit, elle n'est jamais revenue.

Quinze filles manquent à l'appel, depuis que Sarah a disparu... On en est à cinquante-cinq, à présent.

Le type, Wayne le connaît un peu, pas le genre à inventer des bobards.

Au téléphone, l'homme lui parle de la drôle de découverte qu'a faite sa petite amie, dans un mobile home, à port Coquitlam :

des sacs tachés de sang, avec des cartes d'identité... Des femmes, rien que des femmes, ce pourrait bien être les filles du *downtown eastside.*

Wayne pense tout de suite à Sarah... Son sac fait-il partie du lot? Il lui propose de passer le voir, là, tout de suite...

Enfin un indice, une piste, du concret, il ne veut pas laisser passer cette chance : l'autre peut se rétracter, prendre peur, changer d'avis... Le type hésite, sa copine et lui refusent d'aller chez les flics : ils sont fichés, une histoire de dope, ils ont peur que ça leur retombe dessus. On en connaît qui se sont retrouvés en taule des années pour moins que ça.

Wayne comprend, pas d'inquiétude, ils n'auront pas d'ennuis, il a sa parole. Mais il faut faire vite, si le tueur se sent démasqué, il peut s'enfuir, détruire les indices...

Il faut penser aux filles, si on ne l'attrape pas, le tueur va continuer.

Le type accepte, son amie ne sera pas là, il viendra seul.

Ils sont convenus de se retrouver dans une heure chez Mama doesn't know, un bar ouvert toute la nuit, c'est là qu'ils se sont croisés, il y a plus d'un an déjà.

Wayne se souvient du gars, un grand barbu tranquille, un fumeur de joint, il lui fait confiance, pas le genre à raconter des bobards, il a senti la tension dans sa voix.

Il s'est fait violence avant de l'appeler, Wayne le sent : tiraillé entre le besoin de parler et celui d'éviter les ennuis.

Le sac de Sarah… Est-il dans cette malle, dans ce mobile home ? Coquitlam, Coquitlam… ça lui dit quelque chose, qui lui en a parlé, déjà… Bruce ! Il y a pas mal de temps, déjà… Des rumeurs concernant un fermier, un *bad date* avec un van aux vitres teintées. Sarah ne serait jamais montée dans un van… Elle l'a fait, une fois, il y avait deux types cachés à l'arrière, ils l'ont baisée à trois, les portes fermées, l'un lui a éjaculé au visage, tandis que les deux autres la baisaient… Cette sale histoire, Sarah ne lui en a jamais parlé, elle ne lui parlait jamais des *bad dates,* ça le rendait fou, Wayne, il aurait voulu tous les tuer… Déjà, son mec, Charlie le cogneur, il s'en est fallu de peu pour qu'il n'aille lui casser la gueule… Chez Wayne, à la fin, Sarah ne venait plus que pour dessiner, prendre un bain, regarder un film, blottie contre lui, comme si c'était son frère, un vieux copain. C'est ce qu'il était, pour elle… Et lui qui l'a aimée comme un dingue, jusqu'à la fin. Il sait bien qu'elle est finie, l'histoire de Sarah, il ne croit pas aux miracles, surtout dans le *downtown eastside.* Tout ce qu'il veut, c'est lui offrir des funérailles de reine.

Le fermier de Coquitlam… Ça roule en van, un fermier, non ? Toujours à transporter des trucs et des machins… Des outils, des machines, de la terre, Dieu sait quoi. Des corps même… Pourquoi pas ?

Wayne traverse Vancouver endormi à

tombeau ouvert, personne nulle part, en un quart d'heure il est chez Mama.

La nuit s'achève, le jour se lève à peine, il aime bien cette heure-là, tout semble possible encore.

Le bar est tranquille, juste quelques musiciens après un bœuf quelque part, deux noctambules attardés, une blonde qui dort sur son coude, à un coin de table, devant une pinte de bière éventée, ses cheveux emmêlés. Le type est là, assis dans un box, à l'écart, il regarde la porte, il a l'air nerveux.

Tout d'abord, rester cool, le rassurer.

Wayne met une chanson dans le jukebox, trois même, histoire que personne n'entende leur conversation.

— Ma copine, elle fait le ménage pour arrondir les fins de mois. A droite à gauche, comme ça... Elle va chez un fermier, Pickton, une fois par semaine, c'est le foutoir chez lui, mais il paye bien. Sur son terrain il a un mobile home, il lui a demandé de s'en occuper. Elle voulait passer l'aspirateur sous le lit, elle a dû bouger la malle qui était dessous, le couvercle a glissé…

Wayne l'encourage du regard, lui offre une cigarette.

— Elle a trouvé une dizaine de sacs à main à l'intérieur, des trucs cheap, sans valeur, *Hello Kitty*… seulement ces sacs, ils étaient couverts de sang. Dedans, il y avait des cartes d'identité, tout un tas : rien que des femmes.

— Ces noms, elle s'en souvient, elle les a notés ?

— Non, elle n'a pas eu le temps, elle a tout remis en place, elle a fini le boulot vite fait, et puis elle s'est tirée en vitesse, elle n'avait aucune envie de tomber sur Pickton.

— Elle y est retournée depuis ?

— Non, elle y va une fois par semaine, c'est lui qui l'appelle. Elle a peur, elle ne veut pas y retourner.

— C'est quel genre de type, ce Pickton ?

— Un taiseux, il reste dans son coin, à regarder les gens, il élève des porcs sur sa ferme, il en a bien une centaine, ça pue le lisier là-bas, c'est ce qu'elle m'a dit Amy.

— Elle a tout remis en place ?

— Elle a fait bien attention en tout cas. Voilà l'adresse et le nom du gars. Je t'ai rien dit, tu m'as jamais vu, ma copine, tu sais même pas qu'elle existe.

Il se lève et s'en va.

Wayne fonce chez les flics raconter son histoire, la femme-flic qui le reçoit garde la tête froide.

— C'est pas si facile, vous savez, de perquisitionner chez quelqu'un, on n'obtient pas un mandat comme ça… La fille, elle a peut-être un compte à régler avec son patron… C'est gênant, qu'elle refuse de s'adresser à nous directement. On aurait besoin de son témoignage, pour déclencher une procédure. D'accord, c'est une piste, mais ça va nous mener où ? Pickton, Pickton… Le nom me dit vaguement quelque chose… Je vous fais signe s'il y a du nouveau.

Wayne sort du commissariat central, découragé.

Il a un ami archiviste au *Vancouver Sun*, il lui envoie un mail, il lui donne le nom de Pickton, il lui demande de faire des recherches… Une heure plus tard, l'archiviste lui répond : il y a eu une histoire là-bas, il y a des années… Une fille, enfuie de la ferme en pleine nuit, couverte de sang, tailladée.

Celle qui s'est échappée

Une fille court sur une route en pleine nuit, du côté de Port Coquitlam, une banlieue à l'est de Vancouver…

Une grande brune efflanquée, presque nue, couverte de sang, elle a une profonde blessure à la gorge, une entaille sur le ventre, elle ne sait pas comment elle trouve la force de courir… Elle court, elle court… Elle zigzague au milieu de la route, à bout de souffle, elle est prête à tomber, à s'effondrer…

Un motard passait par là, il rentrait chez lui, il s'arrête.

Il devrait appeler les secours, ne pas s'en mêler, mais la fille le supplie de ne pas la laisser là... Le type va revenir, il va l'achever, lui aussi il est capable de le tuer.

Il faut partir, vite, tout de suite !

Le motard lui file son casque et l'emmène à l'hôpital le plus proche, on la soigne en urgence, ses blessures sont sérieuses, mais pas mortelles.

Elle n'est pas en état de se déplacer, un flic vient au matin, il enregistre sa déposition :

— Je m'appelle Wendy Lynn Eistetter, j'ai été attaquée par un fermier, à Coquitlam, il a essayé de me tuer, si je n'avais pas réussi à retourner son couteau contre lui, c'est sûr, j'y serais restée.

Au même moment, un dénommé Pickton se fait soigner dans une clinique à Eagleridge, pour une blessure au ventre, un coup de couteau sans gravité ; c'est lui que Wendy Eistetter accuse d'avoir voulu la tuer.

Les flics viennent voir Pickton à la ferme,

il affirme que la fille est entrée chez lui en pleine nuit, par effraction, pour le cambrioler, elle l'a attaqué, il n'a fait que se défendre…

Elle s'est blessée elle-même en voulant lui porter un coup de couteau : on les connaît ces junkies en manque, des furies.

Pickton a pignon sur rue, avec son frère, il tient un restaurant à côté de sa ferme, le Piggy's Palace… Tout Vancouver y vient, le maire même, Philip Owen, pas plus tard que samedi dernier… La fille n'est qu'une pute du *downtown eastside,* une paumée, une fille de rien, d'ailleurs elle est fichée.

L'affaire est classée, sans suite, on donne raison à Pickton.

La fille peut s'estimer heureuse d'avoir échappé à la prison, c'est bien parce que le fermier n'a pas voulu porter plainte, un brave homme, ce Pickton :

— Vous pouvez lui dire merci, mademoiselle Eistetter.

Avec quel dédain il a prononcé ce mot,

le flic : donner du mademoiselle à une pute, à une junky… Quasi-homicide, en plus… On aura tout vu.

Ça, c'était en mars 1997, trois ans déjà. Depuis, la fille a disparu. Wayne se démène, il la cherche partout…

Evaporée, Wendy.

Une de plus à ajouter à la liste ?

Ou alors elle se cache, pour échapper aux frères Pickton ?

Wayne a bien envie d'y faire un tour, au Piggy's Palace…

La ferme Pickton

La ferme ressemble à une décharge, un terrain vague entouré de bâtiments, une zone sordide, une casse de bagnoles…

A tout ce qu'on veut sauf à une ferme.

Des bâtisses en parpaing et tôle ondulée, une centaine de porcs dans une vaste porcherie mal tenue, un mobile home, de la boue partout, des engins… Un vrai chantier.

Tout au bout du terrain, le fameux Piggy's Palace : un hangar aménagé.

Le jour, c'est censé être un lieu convenable, mis à la disposition des citoyens pour toutes sortes d'activités à caractère *philantropique*, c'est écrit dans les statuts déposés à la mairie… Le soir c'est un restaurant, on y mange le porc tué à la ferme, de la bête à l'assiette le trajet n'est pas long, pas cher en plus : cinq dollars, c'est donné.

A minuit on pousse les tables, on met la musique à fond, le parking se remplit de grosses motos, les Hell's Angels sont ici chez eux, ils font la fête jusqu'au matin.

Les voisins se plaignent du bruit, les flics ne viennent jamais, le fermier doit leur graisser la patte… Mais bon, les frères Pickton sont de braves types, à ce qu'il paraît.

Et puis surtout, ils font partie du paysage… La famille vit par là depuis près d'un siècle, ils sont arrivés en 1903, quatre générations d'éleveurs de porcs, alors…

Autrefois c'était des bois, par ici, les Pickton étaient des fermiers pauvres et travailleurs, des prolos de la terre. Les grands-parents ont acheté le terrain quinze mille dollars, aujourd'hui avec la flambée de l'immobilier ça vaut des millions, et la valeur ne cesse d'augmenter.

Les frères en ont vendu la moitié, ils sont devenus millionnaires, autour de la ferme sur leur terrain on a construit un centre commercial, des immeubles de trois étages, ceux qu'on aperçoit tout autour, standing correct.

Les frères Pickton ressemblent un peu à leurs porcs, quand on y songe… La tête ronde, le mufle court, le poil roux, des yeux petits et roublards, des trognes de fêtards… Surtout David.

William, l'aîné, il a plutôt une dégaine de bûcheron, le genre qui parle peu mais qui cogne.

Une photo le montre à quinze ans, en noir et blanc, émacié, presque beau, en salopette usée, penché sur la terre, une pelle entre les mains… Il ressemble à l'un de ces jeunes paysans démunis, pris en photo par Evans dans les années 30, ceux qu'on voit dans le livre d'Agee : *Louons à présent les grands hommes.*

Il a bien changé depuis… Le regard est le même, ailleurs, contemplant quelque chose que lui seul sait voir, à l'intérieur de lui-même.

David, le cadet, est dans les affaires, il gère le patrimoine, deux-trois entreprises qui marchent, bâtiment, terrassement…

William, l'aîné, s'occupe de la ferme et des porcs, il adore ses porcs. Il en a un énorme, un monstre, qui trotte sur son terrain en liberté, une bête de six cents livres, dressée à mordre, un goret d'attaque, c'est ce qu'on dit, et il se peut très bien que ce soit vrai, vu la dégaine de la bête, grosse et grise, regard méchant. Il a aussi trois dogues allemands, et une pancarte sur la grille, accrochée à l'entrée : ATTENTION MES CHIENS ONT LE SIDA.

Un sens de l'humour assez particulier, les Pickton, ils sont connus pour ça. Mais enfin, dans l'ensemble, ce sont de bons bougres, toujours prêts à rendre service, le genre jovial, qui aiment bien faire la fête, s'amuser, voir du monde.

David surtout, William est plus secret.

Personne ne le connaît vraiment, William…

Il était très attaché à sa mère, c'était son préféré, toujours dans ses jupes, incapable de faire un pas loin d'elle…

Un enfant né le cordon autour du cou, un peu fragile, lunaire, pas fait pour les études, mais travailleur… Il faudra veiller sur lui, son frère a promis.

William ne sort guère de la ferme, sauf pour aller au Piggy's Palace, et aussi pour porter les carcasses de ses porcs dans un centre qui recycle les déchets, de l'autre côté de Vancouver. Les os, la graisse, on en fait du rouge à lèvres, du savon, des cosmétiques, du cold-cream… Tout ce qui rend les femmes belles et désirables.

La ferme ne rapporte pas vraiment, mais enfin ça tourne, et puis ça occupe William, sans ça, va savoir à quoi il passerait ses journées.

Il y a bien une sœur, Linda, mais elle a pris le large, elle vit loin de la ferme, loin de port Coquitlam, une belle maison avec jardin et vue sur le Pacifique, à West Van…

Une femme d'affaires, elle voit peu ses frères, on ne risque pas de la rencontrer au Piggy's Palace, surtout la nuit.

Piggy's Palace

Le soir où Wayne débarque au Piggy's Palace, un 31 octobre un peu après minuit, l'endroit évoque une vision infernale, un tableau de Bosch revisité par Matthew Barney.

Des Hell's Angels sniffent des rails de coke sur les tables, des filles à genoux sucent des types qui discutent, un verre à la main… Une fille est prise en levrette par un homme en cuir noir dont on ne voit que la silhouette… Et tout ça à proximité d'une horde d'enfants déguisés, qui passent en hurlant et en se poursuivant entre les tables.

La musique est assourdissante, les basses font vibrer les murs.

Un peu partout, des os dans des plats, les reliefs d'un festin barbare, des verres renversés… On y voit à peine, à cause de la fumée, une orgie sinistre, quelque chose de dément, d'halluciné. Wayne se demande s'il n'est pas sous acide, pourtant il n'a rien pris.

Il en a assez vu, il s'apprête à sortir, une fille l'accroche, en guêpière, les seins à l'air, dans les vapes.

— Tu vas où, toi ? t'es mignon comme tout, t'as l'air perdu, tu ne veux pas me tenir compagnie ?

Wayne se penche, lui crie à l'oreille :

— Je cherche Sarah, mon amie Sarah de Vries, tu sais où elle est ?

La fille change de visage, le repousse, porte la main à sa bouche.

— T'es dingue toi ! Prononce pas ce nom-là ! Pas ici ! Tu sais bien qu'elle est morte, Sarah…

Elle s'enfuit.

Wayne se fraie un chemin dans la foule, il essaie de la retrouver… Aucune fille en guêpière, à croire qu'il a rêvé.

Au moment où il sort, une silhouette file dans la pénombre, drapée dans une cape sombre.

Wayne en a assez vu, il rentre à Vancouver.

Un vrai cauchemar, le Piggy's Palace.

Pas tant les scènes d'orgie, plus fort encore, comme s'il y avait un poison dans l'air.

En sortant, Wayne a un haut-le-cœur, la nausée, pourtant il n'a rien bu, rien mangé.

Dans sa voiture sur la route du retour, il est pris d'une crise d'angoisse, il doit s'arrêter dans une station-service pour respirer, avaler un café.

Sarah est passée par là, il le sait, il le sent… ça pue la mort, là-bas, la mort et le lisier.

Ce qu'on découvre dans un congélateur

Il faudra du temps pour que la police mette son nez dans la ferme Pickton… Encore deux ans.

L'enquête se perd, s'égare… Il n'y a pas d'enquête, pas vraiment, les flics sont perdus, ils tournent en vain, comme des chiens sous la pluie, flairant des flaques.

La femme-flic a fini par lui expliquer.

— Les suspects, monsieur Leng, pour le moment, on en a six cents. Qu'est-ce qu'on peut faire avec un chiffre pareil…

Six cents types à Vancouver, fichés, susceptibles de tuer une femme. La plupart sont de bons pères de famille, seulement, ce genre de filles, ils pensent qu'ils ont le droit de les tabasser, de les violer, de les torturer, même de les tuer...

Leur vie compte pour rien, elles sont là pour ça.

Six cents *bad dates* signalés par les filles, affolées.

D'habitude, elles gardent tout pour elles, mais là, avec toutes ces disparitions, elles ont peur, ça les fait parler.

Alors oui, Pickton, c'est vrai, c'est l'un des six cents.

— On a deux agents sur le coup, ils le pistent depuis des semaines, pour le moment ils n'ont rien trouvé.

Cigarette, elle aspire avec force, en regardant Wayne droit dans les yeux.

— C'est sûr, il y a un drôle de trafic autour de la ferme, ça n'arrête pas d'aller et venir. Pour le moment, on n'a rien. Soit ce type est innocent comme l'agneau, soit il est rusé comme un renard.

— Et une perquisition, vous y avez pensé ?

— Pas si facile vous savez... Il nous faut un mandat, au nom de quoi ? A la première occasion, on ne va pas le louper.

Elle lui serre la main, une poignée franche, promet de le rappeler.

Et puis un jour, le 5 février 2002, six mois et huit nouvelles disparues plus tard, on en est à présent à soixante-neuf... Deux flics frappent à la porte de la ferme sous un prétexte quelconque, une licence de port d'armes expirée.

Le fermier n'est pas là, il n'y a personne, rien que des porcs en liberté, ça grouille, ça grogne à tout-va, leur groin enfoui dans la terre, à croire qu'ils cherchent des truffes, mais ça ressemble plus à un dépotoir qu'à une forêt, par ici...

L'odeur est forte, les flics doivent se couvrir le nez.

Ils entrent, explorent les bâtiments, fouillent au hasard, la femme remarque un congélateur à demi masqué par une bâche, elle se sent irrésistiblement attirée, allez savoir pourquoi. Elle soulève la bâche, ouvre la porte en grand, met sa main sur sa bouche…

A l'intérieur, sur la rangée du haut, six têtes de femmes, deux pieds aux ongles laqués posés sous chaque tête.

Une vision que la fille n'arrivera jamais à oublier.

Une heure plus tard, des dizaines de voitures de police se pressent autour de la ferme.

Les flashes des gyrophares lancent leurs reflets bleutés sur la taule, les parpaings gris, sur les corps des porcs, qui se frottent aux jambes des policiers. On a enfermé les dogues dans un cellier, ils aboient à la mort en attendant le retour de leur maître. Bousculé, énervé par les grognements, un lieutenant s'énerve, son taser à la main.

— Virez-moi ces putains de porcs ou je les bute.

Dans les immeubles qui entourent la ferme, les voisins sont tous au balcon, certains ont même les jumelles à la main.

Le site est fermé par un ruban rouge déployé tout autour, gardé par des hommes en armes, personne ne peut approcher.

William Pickton se pointe à midi, l'air de rien, dans son pick-up, il rentre de la déchetterie, un fermier qui rentre chez lui…

En découvrant les gyrophares après le tournant, il recule, une voiture débouche et le bloque, puis deux, puis trois, il est pris, il sort, on lui passe les menottes, il se laisse faire…

La seule chose qu'il trouve à dire à ceux qui l'embarquent, en tendant ses mains :

— Hé les gars, j'en étais à soixante-neuf, vous auriez pu m'en laisser au moins une encore, je voulais m'en faire soixante-dix !

Sur le ton de la rigolade, comme si c'était une bonne blague.

Le lendemain, il niera tout en bloc.

Le soir même, Wayne reçoit un coup de

fil de la femme-flic qui avait promis de le rappeler. Elle a tenu parole.

— Sarah, la tête de Sarah… Elle est parmi les six ?

— On ne le saura pas tout de suite, il va falloir du temps pour les identifier.

— Est-ce que je peux les voir ? Je saurai vous dire, si elle est là.

— Impossible, je suis désolée.

Désolée.

Wayne a un vertige en posant le téléphone.

Il s'effondre, pleure, recroquevillé sur le sol ; de longs sanglots, retenus pendant quatre années.

Chair de femme

Le lendemain matin, en ouvrant le *Sun*, le *Province*, les habitants de Vancouver ont découvert qu'ils mangeaient de la chair de femme depuis des années.

Pas étonnant qu'on n'ait jamais retrouvé les corps…

Maggie, c'est en revenant de Victoria en ferry qu'elle a découvert ce qui était arrivé à Sarah : sur le bateau, chaque passager avait un journal déployé devant son visage, avec une photo de William Pickton à la Une, elle était la seule à ne pas être au courant.

Les femmes, le fermier les dépeçait, il

donnait les bas morceaux à ses porcs. Le meilleur, il le hachait, il en faisait de la chair à saucisse, il la donnait aux voisins.

Les gros os, le gras, les déchets, il les vendait à un fabricant de savon, de cosmétiques, il y allait deux fois par semaine depuis vingt ans.

Un soir de beuverie, au Piggy's Palace, William avait beuglé :

— Moi les femmes, je les mange !

On ne l'avait pas cru.

Comme les études n'étaient pas son fort, sa mère l'avait mis apprenti chez un boucher.

Son patron, un voisin, était content du gamin.

— Il bosse bien ce petit, on dirait qu'il aime ça, la découpe, il a le sens du corps, de la bête.

Oui, la découpe, c'est sa passion à William…

Et il faisait ça devant tout le monde, avec une scie électrique, au grand jour.

Tout le monde aurait pu voir, et tous étaient aveugles.

Les filles, c'est avec de la came, qu'il les attirait, l'héro donnée par ses amis les Hell's Angels, ceux qui venaient faire la fête au Piggy's Palace à l'œil.

Il les attirait, il les baisait comme des chiennes, ça aussi il s'en vantait. Quand la fille était bien schlass, un dernier shoot pour la route, le meilleur pour la fin, tu m'en diras des nouvelles... Une piqûre d'eau de Javel, la mort dans d'atroces souffrances. William, ça l'excitait, de les voir se tordre à ses pieds, toutes ces femmes, griffant le sol, secouées de mouvements frénétiques, comme des bêtes.

Pickton le boucher, ivre du sang des femmes, il ne pouvait plus s'en passer.

Même ça, il s'en était vanté auprès d'un copain : moi les putes, je les baise et je les bute, c'est ça qui m'excite... Le gars ne l'a pas cru, lui non plus.

Un vantard, ce William. Un brave gars,

tout de même, toujours prêt à rendre service aux copains… Toujours des filles, chez lui, pour les amis.

De la bonne viande aussi, plein le congélo.

Quand on avait faim, un petit tour chez Pickton, et on repartait gavé. Il suffisait d'amener de la bière, pour le reste, William pourvoyait. Il y avait toujours du monde, à la ferme.

Des motos, des bagnoles, jour et nuit ça défilait…

Les voisins râlaient un peu, mais bon, on ne va pas empêcher les gens de vivre, tout de même… Pickton les calmait avec de bons morceaux, il a nourri le voisinage pendant des années.

Quand l'affaire a éclaté, la police a demandé à tous ceux qui avaient gardé dans leur congélateur de la viande venue de la ferme Pickton de la leur remettre… On a trouvé de l'ADN humain dans presque tous les morceaux.

Les voisins, cannibales, à leur insu…

Complices de Pickton, sans l'avoir voulu : eux aussi ont contribué à faire disparaître les corps.

Sarah, Heather, Nancy, Wendy, Marcella, Dawn, Sheryl, Tiffany, Elaine, Sheila, Cara, Gloria, Cynthia, Marnie, Jennifer, Cathy, Rebecca, Michelle, Inga, Helen, Ruby, Janet, Tanya, Angela, Patricia, Debra, Kerrie, Mary, Kellie, Laura, Deborah, Leigh, Jacqueline, Lina, Georgina, Sherry, Elsie, Ingrid, Dorothy, Theresa, Lilian, Sharon, Katleen, Olivia, Mona, Brenda, Frances, Julie…

Toutes, elles ont fini comme ça.

Abattues comme des bêtes, débitées par Pickton le boucher.

Les deux visages de William

Le procès Pickton durera six mois, de mai à décembre 2007.

Dans un premier temps, on le juge pour le meurtre des six femmes identifiées, dont les têtes et les pieds ont été retrouvés dans le congélateur… Les autres, on s'en occupera au fur et à mesure, en fonction de leur identification, selon l'ADN trouvé dans le lisier.

Sur le terrain, les fouilles sont longues, interminables, 300 000 échantillons prélevés, les restes de dizaines de femmes… Selon le chef des médecins-légistes embauchés, c'est une scène de crime comparable à un charnier du Kosovo après purification ethnique, à Ground zero... On n'est pas près d'identifier toutes les femmes charcutées ici...

On n'est pas près d'en voir la fin, de ce charnier.

Il faut commencer avec celles qu'on a sous la main, pour les autres on procédera par paquets de dix ou de vingt. Pickton est déjà inculpé du meurtre des six premières, Sarah de Vries ne fait pas partie du lot.

Plus de trois cents journalistes ont été accrédités, ils sont venus du Canada, des Etats-Unis, et même d'Europe...

Pour sa défense, William Pickton dispose d'un bataillon de quinze avocats, mené par Peter Ritchie, une star du barreau de Vancouver. Depuis qu'il a accepté d'être le défenseur du Boucher de Coquitlam, Ritchie reçoit des coups de fil d'injures jour et nuit, des menaces de mort, on jette des pierres sur ses fenêtres, sa voiture est taggée, on a même cloué un corbeau sur sa porte.

Pickton n'a pas dit un mot pendant les six mois qu'a duré son procès. Des dizaines de témoins ont défilé, à charge ou à décharge, sans qu'il manifeste la moindre émotion, comme s'il n'était pas concerné.

A deux reprises, il a souri : une fois en regardant l'affiche qui montre les visages des soixante-neuf disparues ; une autre fois, lorsque son avocat a essayé de le présenter comme un idiot devant les jurés : cinq femmes et sept hommes, rudement éprouvés par les révélations de l'affaire. La plupart ont perdu le sommeil, ils font des cauchemars épouvantables, ils sont tous suivis par un psy. Par la suite, la plupart avoueront avoir eu une vie sexuelle troublée, pendant les six mois qu'a duré le procès, et même après… Pas facile de s'ôter de la tête les corps de ces femmes dépecées. Il ne suffit pas de rentrer chez soi et de prendre une bonne douche pour tout oublier, même tout nu sous les draps, ça reste, ça laisse des traces, ça hante, la nuit.

William n'a jamais ouvert la bouche, mais on a tout de même entendu sa voix, sur une cassette enregistrée pour une amie... La cassette, la police l'a retrouvée au milieu d'un fatras, un monceau d'ordures : *Bob's memoirs.*

Il raconte son travail à la ferme, son attachement pour sa mère, son père toujours occupé, débordé de travail, qui ne disait jamais un mot... Il parle souvent de la vie et de la mort, avec fatalisme :

— On vit et puis un jour on meurt, il faut l'accepter.

Il s'étend sur un événement survenu l'année de ses treize ans. Louise, sa mère, lui offrit un veau, auquel il s'attacha passionnément :

— J'étais persuadé qu'on vieillirait ensemble lui et moi, il serait le compagnon de toute ma vie, je l'adorais, l'entend-on murmurer, sur la cassette.

Un jour, en rentrant de l'école, il trouva son veau dépecé : son père venait juste de l'abattre. Il resta trois semaines sans pouvoir parler à personne.

— Après la mort de mon veau, je suis devenu quelqu'un d'autre, pour moi la vie, la mort, rien n'avait plus d'importance : j'étais coupé du monde.

En parlant de la mort de sa mère, à laquelle il était pourtant très attaché, il fait preuve du même fatalisme :

— Maman est morte d'un cancer, on n'y peut rien, c'est comme ça, ce que la vie vous donne elle vous le reprend un jour, il faut l'accepter.

A vingt ans, il s'est fiancé avec une jeune fille de la ville, Victoria ; elle a refusé d'abandonner son travail, lui ne pouvait pas quitter la ferme : ils ont rompu.

Ils ont gardé des liens d'amitié pendant des années, c'est pour Victoria qu'il a engistré la cassette.

Pendant le défilé des témoins, deux

visages de William apparaissent : pour ses amis, Willy est un homme généreux, toujours à l'écoute, le cœur sur la main, il a même pris en charge les enfants d'une amie… Pour les autres, c'est un type brutal, inquiétant, bizarre, asocial.

— Je n'aurais jamais soupçonné qu'il fréquentait des prostituées, a déclaré à la barre une jeune femme, aujourd'hui professeur d'anglais, qui a fait du cheval à la ferme pendant toute son enfance.

Elle en parle comme d'un homme affectueux, tendre même.

— Je pouvais dormir dans le même lit que lui, ça m'est arrivé plusieurs fois, il ne m'aurait jamais touchée.

A celles qui s'étonnaient de croiser des filles de Skid Row dans l'enceinte de la ferme – de plus en plus nombreuses les dernières années – il disait que c'étaient des junkies qu'il aidait à décrocher.

La ferme aussi a deux visages.

Pour certains, c'était un endroit agréable,

entouré d'arbres, où on pouvait respirer du bon air, montrer des animaux aux enfants... Pour d'autres, c'était un taudis, de plus en plus sale et inquiétant avec les années, où s'empilaient des dizaines de carcasses de voitures, dans lesquelles on trouvait seringues et capotes usagées... Les cochons divaguaient au milieu de sex-toys et de soutiens-gorge éparpillés dans le lisier.

Au physique, William Pickton est un grand type maigre, les lèvres fines, un long nez, le front dégagé, des cheveux gris roux tombant de chaque côté de son visage.

— Pas vraiment un homme à femmes, William..., ironisent celles et ceux qui l'ont croisé.

On voit à peine son regard, il a tout le temps les yeux baissés.

Il s'exprime peu, lorsqu'il le fait c'est d'une voix basse, lentement, en cherchant ses mots.

En prison, pendant les cinq années qu'a duré sa détention provisoire, il a suivi des cours d'agriculture par correspondance, avec assiduité, comme s'il était persuadé de sortir bientôt, et de reprendre d'un jour à l'autre son travail à la ferme. Il a aussi demandé à voir un prêtre, à plusieurs reprises.

Une prostituée de ses amies, qu'il a hébergée pendant six mois, après qu'elle a été victime d'un accident, explique que si les filles de Skid Row venaient si souvent chez Pickton, c'était parce qu'elles considéraient la ferme de Coquitlam comme un endroit plus sûr que le *dowtown eastside*.

— Tout le temps où j'ai séjourné chez William, il ne m'a jamais touchée, il me donnait de l'argent souvent, sans rien me demander en échange.

Un jeune employé, accro à l'héro lui aussi, parlera de Pickton comme d'un type généreux.

— J'ai travaillé pour lui pendant des mois, je conduisais des camions, je l'aidais à transporter des fûts pleins de déchets, des restes de viande et d'os, on les déposait à l'usine de recyclage.

La tête entre ses mains :

— Jamais je n'aurais soupçonné ce qu'il y avait dans ces fûts, jamais... Depuis, je ne dors plus.

En dehors du jour où il a été arrêté, Pickton n'a jamais reconnu ses crimes, il a toujours nié.

Il n'a jamais donné la moindre explication sur la présence des six têtes de femmes dans son congélateur, ni des innombrables débris humains sur le site de la ferme.

Il n'a jamais accusé personne, ni son frère David, ni les Hell's Angels, qui venaient chaque nuit ou presque faire bombance au Piggy's Palace, à l'autre bout du terrain...

Muet comme une tombe, William.

Parmi les centaines de journalistes accrédités, deux reporters d'un genre particulier ont couvert le procès : deux anciennes prostituées du *downtown eastside*, Trisha Baptie et Pauline Van Koll, envoyées par un journal en ligne, *Orato.com* : l'actualité racontée par ceux qui la vivent.

Elles n'étaient pas payées, ni l'une ni l'autre, juste défrayées. Trisha et Pauline ont assisté à chaque séance du procès, au premier rang, penchées sur la rambarde avec passion, comme si leur vie en dépendait, notant chaque soir leurs impressions de la journée.

« Je suis assise dans la salle d'audience et je regarde la nuque de Pickton, tassé dans son box, j'ai envie de briser la vitre qui nous sépare de lui et de me mettre à hurler… », écrira Trisha Baptie, au premier jour du procès.

Trisha, comme Pauline, connaissait la plupart des victimes.

« J'imagine très bien la vie qu'elles ont vécue toutes ces femmes, leur vie c'est aussi la mienne… J'ai eu beaucoup de chance de ne pas finir dans cette ferme, moi aussi. J'aurais très bien pu être une des 69 disparues sur l'affiche... », écrira Pauline Van Koll.

« Ça a été terrible pour moi, d'aller sur le site de la ferme. Les doigts crispés sur la chaîne, je pensais : Comment toutes ces femmes ont-elles pu être à ce point invisibles aux yeux des autres, subir de telles horreurs, sans que personne les ait jamais entendues hurler ? »

Trisha Baptie parle-t-elle des horreurs subies à la ferme, ou bien de leurs vies à toutes dans le *downtown eastside*... ?

Pauline Van Koll se souvient d'un soir où elle était assise à l'hôtel Astoria : William Pickton est entré, il a essayé de lui vendre des morceaux de porc qu'il transportait dans un sac.

« Il la vendait pas cher sa viande, mais pour rien au monde je lui en aurais acheté, il me faisait froid dans le dos, avec son grand sac et ses ongles noirs. »

Après le procès, Pauline Van Koll a poursuivi des études de journalisme à Toronto ;

Trisha, elle, est retournée à sa vie de mère de famille, qu'elle avait eu bien du mal à quitter.

Dès qu'elle a su qu'*Orato* cherchait d'anciennes prostituées pour couvrir le procès, elle a tout de suite envoyé un mail : c'était vital pour elle d'être là, de témoigner.

— J'ai eu de la chance, mes enfants m'ont soutenue.

Paul Sullivan, le rédacteur en chef d'*Orato*, a été accusé par des féministes d'exploiter les deux femmes, en les faisant travailler sans les payer. Il s'est défendu en disant que c'était le principe du journal : tous les reporters sont logés à la même enseigne… Devant la violence des attaques, il a dû effacer les articles de Pauline et Trisha, on ne peut plus les lire nulle part. Dommage : leurs comptes rendus dans *Orato* étaient ce qu'on écrit de plus fort sur le procès Pickton et sur l'affaire des Disparues. Qui mieux que des rescapées du DTES auraient pu raconter leur calvaire ?

O Brothers! David Pickton

Tous ceux qui connaissaient les frères Pickton savaient que David était la tête pensante du duo.

Il contrôlait son frère depuis toujours, il lui donnait de l'argent chaque semaine, lui disait quoi faire, c'est lui qui gérait les biens et les entreprises possédés par les deux frères.

Au cours des années 80, il avait vendu pour sept millions de dollars de terrain, la fratrie en possédait pas loin du double...

William s'occupait de la ferme, des machines et des animaux, David gérait le Piggy's Palace, via une association à caractère philanthropique : Good Times Society.

Au Piggy's, tout Vancouver venait, beaucoup de musiciens. David organisait des concerts dont les bénéfices revenaient à des œuvres de charité, il y en a un dont tout le monde se souvient, en faveur d'une association de femmes battues…

Il y avait toujours des rôtis de porc sur les tables, et de la bière fraîche, pour les zycos.

Aujourd'hui, les musiciens qui ont joué au Piggy's préfèrent ne plus y penser, à cette viande rôtie.

Ils ne sont pas les seuls…

Comment David a-t-il pu se tirer indemne de l'affaire ? Comment William a-t-il pu être le seul inculpé ?

David Pickton n'a même pas assisté au procès.

Il avait mieux à faire, a-t-il dit à ceux qui s'étonnaient de ne pas l'y voir : il participait aux raouts monstres de ses amis motards en Californie.

David est proche des Hell's Angels de Colombie-Britannique, c'est de notoriété publique… D'ailleurs leur QG est à trois cents mètres de la ferme. Ce qui explique qu'ils aient fait du Piggy's Palace un de leurs hauts lieux de festivités…

La moitié des flics de Vancouver sont persuadés que David est coupable, autant que son frère.

C'est qu'il a un passé, David…

Un soir d'automne, alors qu'il avait à peine seize ans, David, qui venait juste de passer son permis, heurta un garçon sur une petite route de campagne, près de la ferme familiale.

En constatant l'état du blessé, inanimé et couvert de sang, il a tout laissé, il a couru avertir sa mère.

Louise Pickton a demandé à David de la mener sur le lieu de l'accident. Elle a déplacé le garçon blessé, elle l'a déposé sur le bas-côté, aux abords d'un ruisseau… Ses parents l'ont retrouvé noyé au petit matin, il avait glissé dans l'eau, en essayant de ramper.

Ses blessures étaient graves, mais pas mortelles... Si Louise avait appelé les secours, il aurait pu s'en tirer.

Personne n'a jamais soupçonné Ma Pickton, ni même David.

C'est William qui a raconté l'affaire, des années plus tard, après la mort de sa mère.

David n'a jamais été inquiété, il s'est contenté de nier.

Si William vivait au milieu d'une nuée de prostituées – chaque jour ou presque il en ramenait une ou deux à la ferme – David, lui, méprisait ouvertement les filles du *downtown eastside.*

— C'est pire que des truies, ces filles-là, avait-il l'habitude de dire, quand il les croisait, chez son frère.

En 1997, il a été accusé de tentative de viol aggravé par une jeune femme qui travaillait sur un de ses chantiers.

Il a été condamné à lui verser mille dollars de dommages et intérêts, et à ne jamais l'approcher.

Après le jugement, la jeune femme a reçu des menaces de mort de la part d'une bande de motards : elle avait intérêt à quitter la ville vite fait, sans quoi il pourrait très bien lui arriver des bricoles un de ces jours.

La fille est restée à Vancouver, elle n'a pas cédé.

Une fille pendue à un croc de boucher

Lynn, junkie et prostituée, était une amie de longue date de William. Elle n'était pas la seule : il en passait souvent, des filles, à la ferme, sa porte était toujours ouverte.

Il leur laissait l'usage de sa salle de bains, de la machine à laver, du frigo : elles pouvaient venir à n'importe quelle heure jour et nuit, la clé était toujours sur la porte, pas besoin de prévenir. Il payait bien, jusqu'à deux cents dollars rien que pour une pipe, parfois même il ne leur demandait rien, il se contentait de dormir à leur côté.

— Il n'avait rien d'un don juan, William,

ça c'est sûr, dira Lynn, mais les filles lui couraient toutes après, comme des mouches sur le miel : un type qui a des billets plein les poches et les distribue à tour de bras, ça ne court pas les rues, à Skid Row, là-bas, on a plutôt l'habitude des rapiats qui essaient de se faire sucer pour cinq dollars... Et avec quoi on se fixe, nous, après ?

Il y avait bien des rumeurs, comme quoi parfois il cognait, les soirs où il avait bu un coup de trop, mais les junkies ont tellement besoin d'argent... Et puis les filles qu'il venait chercher, il les ramenait toujours, enfin presque.

Pickton avait la réputation d'être un type bizarre, mais pas violent.

Lynn est restée trois mois à la ferme, en 1997 : c'est ce qu'elle a raconté à la cour.

Un soir, William lui a demandé de l'accompagner dans le DTES, il avait envie d'une fille pour la nuit.

Ils ont tourné un peu, il a choisi une jolie gamine indienne, seize ans à peine... Très mignonne, ça, elle s'en souvient, avec de longs cheveux noirs qui tombaient jusqu'au bas des reins... Pocahontas, il l'appelait. Il l'a ramenée à la ferme, il s'est enfermée dans une chambre avec elle.

Lynn s'est fait un shoot pendant ce temps-là, William lui avait ramené un petit cadeau de Skid Row.

Une heure plus tard, elle était high, elle ne pensait plus du tout à la fille... Elle a ouvert une porte, elle a trouvé la fille pendue à un crochet de boucher, ses orteils vernis se balançaient à hauteur de son visage.

— Jamais j'oublierai cette vision : les orteils de la fille qui se balançaient sous mon nez.

Et juste en dessous, William, monté sur un escabeau, un couteau à la main, couvert de sang, qui la fixait : un regard terrifiant. « Si tu parles, la prochaine, ce sera toi : je te ferai la même chose qu'à elle. T'entends ? »

— J'étais morte de trouille, a déclaré

Lynn à la cour, j'étais certaine qu'il le ferait. Je suis partie le lendemain matin avec un camionneur, je ne suis jamais revenue à la ferme, je n'en ai jamais parlé, à personne.

— Pourquoi ne pas avoir prévenu la police ? lui a demandé l'un des juges.

Lynn a soupiré.

— Vous savez, nous, les junkies, on n'a jamais fait bon ménage avec les flics. Ils ne m'auraient jamais crue... Je savais que William me tuerait, si je parlais. Je ne voulais pas finir comme elle...

Pendant son témoignage, William lui a à peine accordé un regard, à Lynn, il s'est contenté de prendre des notes sur son carnet.

Ni David ni sa sœur Linda n'ont été inculpés, ils ont juste été entendus, à titre de témoins ; ils ont porté plainte contre la police pour dégradation de biens.

— Par leurs fouilles continuelles sur le site de notre ferme, les policiers nous ont causé un grave préjudice : ils nous ont empêché d'accéder à notre bien, ils ont détruit nos plantes, nui à nos animaux. La ville nous a promis un dédommagement, nous n'avons rien reçu à ce jour.

La police n'a pas donné suite.

— Le préjudice financier de l'affaire est terrible, pour nous et notre famille, a déclaré Linda à la presse, sans manifester la moindre compassion pour les victimes.

Une fois les fouilles achevées, d'ici quelques années, que va devenir la ferme ? Elle a été hypothéquée, pour payer la quinzaine d'avocats chargés de défendre Pickton...

Il est question d'en faire un parc, et d'y édifier un monument à la mémoire des Disparues.

— Un parc... Je ne pense pas que ce soit une bonne idée, a déclaré Maggie de Vries. Je ne me vois pas m'y promener avec les enfants de Sarah, et leur raconter que c'est ici que Pickton a découpé leur mère en morceaux. On ferait mieux de vendre le terrain, et de donner le produit de la vente aux enfants des disparues… Combien d'orphelins ont-elles laissés derrière elles, toutes ces femmes, plus d'une centaine… Il serait juste que quelque chose leur revienne.

Wayne n'a pas eu le courage d'assister au procès, il ne s'est pas senti la force d'être confronté à ce déballage d'horreurs… Il est parti en Californie. Aucune envie de se retrouver nez à nez avec le monstre qui avait massacré Sarah. Dès qu'il a entendu la voix de Pickton – la femme-flic lui a envoyé une copie de la cassette – il a su qui lui avait téléphoné, une nuit, pour lui annoncer la mort de Sarah : c'était Pickton, furieux que Wayne remue ciel et terre à Vancouver dans l'espoir de retrouver Sarah.

A ce moment-là, ça faisait bien longtemps qu'elle avait été dévorée, elle n'était plus qu'une bribe d'ADN dans le lisier.

A l'issue du procès, William Pickton a été condamné à vingt-cinq années de prison.

Un des trois juges chargés de l'affaire a demandé l'ouverture d'un second procès : il est persuadé que Pickton n'a pas agi seul, il est certain de la complicité de son frère David et des Hell's Angels qui venaient chaque soir au Piggy's Palace.

Si un second procès devait avoir lieu – celui de William a déjà coûté cent millions de dollars et les caisses de la province sont vides – ce serait en 2010, après les Jeux olympiques d'hiver. Le maire n'a aucune envie que les milliers de journalistes venus du monde entier pour couvrir les JO se ruent sur l'affaire : avec ses 69 victimes, Pickton est le pire serial killer que l'Amérique du Nord ait jamais connu… Un titre de gloire dont Vancouver se serait bien passé.

L'homme qui a mis la police sur la piste des armes sans permis détenues par William Pickton – dénonciation grâce à laquelle les policiers ont pu entrer dans la ferme – aurait dû bénéficier d'une protection rapprochée, c'est ce qu'on lui avait promis, en plus d'une récompense.

L'argent, il en a à peine vu la couleur, juste quelques milliers de dollars, et pour ce qui est de la protection… On lui a conseillé de dormir à l'hôtel, et on l'a laissé se débrouiller.

Dès que l'affaire a éclaté, il a reçu des menaces de mort de la part des Angels, il a dû s'enfuir, quitter la ville, laisser sa femme et ses enfants derrière lui. Il a tout perdu, son travail, sa famille, sa maison, ses amis…

Les Hell's Angels ne tiennent pas seulement le trafic de la drogue, les clubs de strip, la prostitution… La ville tout entière est gangrenée : ils contrôlent les agences de voyages, les compagnies de téléphone, les bars, les restaurants… Trop repérables sous les couleurs des Hell's Angels, ils contrôlent des dizaines de clubs de motards affiliés : Red Scorpions, Lost Soul, Handsome Bastards, Devils Army… Soi-disant d'innocents clubs de motards du dimanche, en réalité des prête-noms, tous affiliés aux activités criminelles des Angels de Colombie-Britannique, regroupés à Vancouver.

Les HA ont des bataillons d'avocats à leur service, ils sont infiltrés partout, même dans les familles Old Money… Ce sont les nouveaux chefs d'entreprise de la province.

Bien sûr, les anciens roulent toujours Harley flamboyantes et pétaradantes, ils portent des blousons en cuir noir éraillés arborant leurs couleurs : têtes de mort hilares dégueulant des flammes… Mais les petits jeunes ressemblent à des traders lambda, des consultants propres sur eux, des hommes d'affaires ordinaires : ils roulent en BMW, portent des costards Armani ou Hugo Boss, un attaché-case en peau de requin à la main… Seulement, si on vient mettre le nez dans leurs petites affaires, ils règlent le problème à leur manière : trois balles dans la tête.

Toute sa vie, William a rêvé d'être un Hell's Angel, ou au moins d'être admis, comme David… Au Piggy's, il passait ses nuits à les épier, caché derrière un pilier, en pleine orgie, ou en train de bâfrer, pendant que David leur tenait le crachoir.

Les filles, c'est pour ça qu'il les aurait massacrées, pour prouver qu'il pouvait être un dur lui aussi… C'est ce qu'on dit, et c'est sans doute vrai. Et aussi : tout ce fric d'un coup, les millions de dollars des terrains vendus par David, ça lui serait monté à la tête, il s'est pris pour Belzébuth, seigneur des ordures, lieutenant de Satan, régnant sur une armée de pourceaux… L'âme damnée du Piggy's Palace.

D'après la *Women's Warrior Society*, cinq cents jeunes femmes indiennes ont disparu en Colombie-Britannique ces vingt dernières années.

Le charnier Pickton ne serait que la partie émergée d'un iceberg ruisselant de sang…

Les Premières Nations ont porté plainte contre les forces de police de Vancouver, en les accusant de n'avoir pas fait leur devoir de protection des citoyens ; des citoyennes, en l'occurrence... Si les victimes avaient été des filles de bonnes familles, la police se serait mise en chasse bien plus tôt...

Le jour où Wendy Ladner-Beaudry, la sœur d'un adjoint au maire, a été trouvée assassinée dans le Park Spirit, en mars 2008, soixante-dix policiers ont été mis sur le pied de guerre aussitôt. Le parc a été fermé au public pendant huit jours, passé au peigne fin, à la recherche d'indices...

La mort de Wendy Ladner-Beaudry a fait bien plus de bruit à Vancouver que le massacre des 69 femmes du *downtown eastside*.

Dans le parc, un an plus tard, on peut voir des affiches montrant le visage souriant de Wendy, avec une mise en garde : NE COUREZ PAS SEULE DANS LES PARCS DE LA VILLE DE VANCOUVER, FAITES-VOUS ACCOMPAGNER !

D'après la rumeur, l'assassin serait un amant éconduit : il aurait guetté la joggeuse sur son parcours, caché derrière un arbre, une pierre à la main.

Aujourd'hui encore, les femmes continuent de disparaître du DTES, dans l'indifférence générale…

La municipalité a décidé d'envoyer avant les JO des spécialistes à Skid Row, pour apprendre aux filles à s'exprimer devant les caméras : les journalistes vont forcément traîner du côté de Pain & Wasting…

Les filles se sont plaintes pendant le procès Pickton d'être harcelées par les journalistes – trois cents venus de toute l'Amérique du Nord pour couvrir l'Affaire des Disparues !

— Ils nous plantent un micro sous le nez, ils installent les caméras, ils nous demandent de raconter nos vies pourries, ils font peur aux clients, et nous alors, on vit de quoi ?

Les filles continuent de disparaître, mais au moins elles auront eu des cours de chargés de com.

Ground zero

Procès ou pas, chaque jour, sur le site de la ferme Pickton, une centaine de personnes travaillent en permanence à la recherche des restes des Disparues. Et ça n'est pas près de s'arrêter…

Comme il n'y avait pas assez d'anthropo-légistes, la police a fait passer une annonce : on recherche des étudiants en anthropologie, ou en archéologie, pour un chantier de fouilles longue durée, vingt dollars de l'heure.

Les volontaires n'ont pas manqué, des femmes, surtout.

Chaque matin, la chercheuse revêt un scaphandre blanc, un masque et des gants, et fouille le sol, inlassablement.

Devant elle, trois bennes : une verte pour les objets lourds : cailloux, gros os… Une bleue pour ceux de taille moyennes et les petits os… une rouge pour les dents, les fragments, les médailles, les boucles d'oreilles… Tout ce que les porcs ont laissé ou rendu.

Les caisses partent pour le laboratoire, chaque débris est expertisé, l'ADN analysé, passé au crible, répertorié.

Certains ossements appartiennent à des femmes inconnues : aucune des soixante-neuf. Des filles qui passaient, des tapineuses à la petite semaine, apparues au coin d'une rue, aussitôt disparues, et que personne n'a jamais réclamées.

Des gamines enfuies des réserves lointaines, attirées par les lumières de la ville… Ne manquant à personne, déjà disparues de leur vivant.

En général les étudiantes tiennent, elles ne craquent pas, elles ont l'impression de faire un travail utile, de racheter le péché collectif de la ville, la cécité de la cité.

— Il faut bien leur rendre une identité, à ces femmes..., dit Julie, vingt ans, étudiante en anthropologie, lectrice de Franz Boaz et Claude Lévi-Strauss, *Le cru et le cuit.*

Elle s'essuie le front, s'accroupit, sourit, se penche sur sa caisse, engoncée dans sa combinaison de cosmonaute.

Parfois, Pat et Maggie viennent, elles observent ces femmes et ces hommes en blanc, à genoux, penchés sur la terre noire.

On a mis longtemps à trouver l'ADN de Sarah, très longtemps, presque un an.

Et finalement, un jour, un fragment de dent, un éclat blanc dans la boue.

Son ADN, c'est sur la brosse de Wayne qu'on l'a trouvé, les beaux cheveux noirs de Sarah.

Il a bien fallu le dire aux enfants, leur

raconter ce qui était arrivé à leur mère, leur parler de Pickton le Boucher…

Un monstre, comme dans les contes, la sorcière d'Ansel et Gretel, le boucher de Saint-Nicolas, celui qui dépèce et met au saloir les enfants perdus. Leur parler des porcs, oui, il a bien fallu… Tout faire pour éviter le pire : qu'ils n'apprennent le sort de leur mère par les autres enfants, à l'école.

— Qu'est-ce qu'elle faisait maman, toute seule la nuit, dans les rues…

De toute façon, ce qu'on leur cache, ils le devinent, il valait mieux qu'ils sachent… Sarah n'a rien dit, elle s'est ruée sur ses poupées. Ben, lui, a regardé Pat d'un air grave.

— Je suis bien content qu'il soit en prison, le méchant homme qui a tué maman. Sans ça, j'aurais eu très peur qu'il vienne nous chercher nous aussi. Il ne viendra plus, maintenant… Regarde mamie : j'ai fait un beau dessin pour Sarah.

Une ferme de rêve, avec des arbres, un pommier plein de pommes rouges, des poules, des vaches, des lapins… une petite fille avec de grands yeux noirs, un chat à son côté, un soleil jaune, des oiseaux… Un dessin d'enfant.

Une femme peintre d'origine britannique, descendante de John Constable, Pamela Mazik, a commencé une série de soixante-neuf tableaux, pour rendre un visage aux Disparues : des toiles immenses, trois mètres sur trois.

La noirceur du sujet effraie ses clients habituels, mais ça, Pamela s'en fiche : il fallait bien leur rendre leur dignité, à ces femmes.

— Sur les photos anthropométriques, elles ont toutes l'air de porter un masque de mort, j'ai voulu laisser une autre trace d'elles.

L'Autoroute des larmes

Depuis que l'Affaire des Disparues est en partie résolue, ou en bonne voie de l'être, le site MISSING s'est fait l'écho d'un autre drame.

Entre Prince George et Prince Ruppert, au nord-ouest de Vancouver, une autoroute traverse un paysage splendide et désert, on l'appelle la *Highway of tears*, l'Autoroute des larmes.

Une trentaine de jeunes filles y ont trouvé la mort, ces dernières années, bien d'autres ont disparu.

Toutes indiennes : il y a pas mal de réserves, vers le nord.

Elles faisaient du stop pour rentrer du lycée, voir une amie, aller à la ville proche… On les a retrouvées mortes, violées, jetées sur le bas-côté… Leur assassin ne s'est même pas donné la peine de les enterrer.

Le long de la *highway*, on a trouvé trente corps en dix ans.

La police n'a rien fait, ou pas grand-chose, personne n'en parlait… Elles faisaient du stop, elles l'ont bien cherché.

Et puis à la trentième, une Blanche, les médias se sont déchaînés, on a commencé à parler de l'autoroute des larmes.

Depuis longtemps les Indiennes se mobilisaient, personne ne les écoutait.

Elles ont organisé une longue marche silencieuse, elles ont planté des panneaux tout le long de l'autoroute, le corps d'une fille à terre, barrée d'une croix.

Le tueur, on ne l'a jamais retrouvé.

L'Indienne qui a organisé la marche, on a retrouvé sa nièce morte au printemps.

Emma, 17 ans, avait passé l'après-midi avec son petit ami, ils étaient allés au cinéma, elle a fait du stop pour rentrer chez elle... Et sa vie s'est arrêtée là, sur la *highway 16*, son corps jeté dans le fossé.

L'Autoroute des larmes... Ce nom, les femmes de la Warrior Society l'ont choisi en écho à la célèbre « Route des larmes », de l'exode forcé des Indiens, en 1838, de l'autre côté de la frontière... Les guerriers vaincus, humiliés, contraints de marcher pieds nus en plein hiver, sans nourriture, hommes, femmes, enfants, vieillards... Escortés par des soldats à cheval, armés de fusils, avec ordre de tirer à vue.

Quinze mille au départ, onze mille à l'arrivée : quatre mille morts en chemin.

Combien de filles vont disparaître encore, le long de la *Highway of tears* ?

Une question, posée par une femme écrivain haïda, Mercredi Dawn, du clan des

Aigles, qui vit tout en haut de la plazza Tower, dans la réserve numéro 7 de Vancouver :

— Pourquoi les peuples qui n'ont pas d'écriture disparaissent-ils, tous, les uns après les autres…

Les Haïdas, une des premières tribus de la côte Nord-Ouest, ont été un grand peuple, ils ont donné naissance à une cosmogonie magnifique, ils ont créé des masques de transformations fascinants, André Breton lui-même en faisait collection.

— Aujourd'hui, de notre passé, il ne reste rien, ou presque. Nos filles servent de gibier aux prédateurs…

A peine quelques masques exposés au musée d'anthropologie, sur le campus, et de grands totems colorés, tournés vers le rivage, qui scrutent l'océan Pacifique, attendant vainement le retour des guerriers.

Bloody Valentine

Chaque année, le jour de la Saint-Valentin, des centaines de personnes se rassemblent sur Main & Hastings, pour rendre hommage aux Disparues.

La foule se rassemble devant le centre Carnegie, au cœur du *downtown eastside*, en son sein, de nombreux représentants des Premières Nations : leurs chants et leurs tambours accompagnent les marcheurs.

Les familles des Disparues sont là aussi, les travailleurs sociaux, les associations de défense des femmes, et les filles du *downtown eastside* bien sûr.

Avant que le cortège s'ébranle, une femme prend la parole, pour évoquer la mémoire des Disparues, on entend des cris çà et là : « Honte au Canada ! »

Les marcheurs apportent en offrande des cœurs rouges, des fleurs, des cartes postales, des foulards, des chocolats, même… Le genre de cadeaux que l'on offre à une femme vivante, le jour de la Saint-Valentin.

Le grand-père de l'une des victimes, un musicien réputé, a composé un morceau en leur honneur.

A Montréal, un groupe de femmes-artistes a peint une fresque sur un mur, dans une rue où les femmes tapinent. Elle les montre toutes ensemble, rassemblées, en marche.

Le drame des Disparues a ébranlé le pays tout entier…

Une onde de choc du Pacifique à l'Atlantique, jusqu'à la pointe de Gaspé : Honte au Canada.

Entendu un soir dans un bar : « Un quart des Canadiens ont du sang indien dans les veines, les trois quarts restants ont du sang indien sur les mains. »

Depuis l'affaire, Vancouver se sent souillée, honteuse, meurtrie. Coupable aussi, même si tous ne veulent pas l'avouer.

Quand on parle de l'Affaire ici, la gêne est palpable. D'habitude, les faits-divers les plus sordides excitent les bavardages... Celui-là, on évite d'en parler.

Les Disparues ? Grimace de dégoût.

Une affaire affreuse, mieux vaut l'oublier.

Et les porcs, les complices de Pickton, ceux qui ont fait disparaître les corps ?

Au Moyen Age, en France, on a jugé un porc, dans une église, comme un homme : il avait dévoré une fillette.

Juge, avocat, procureur, un tribunal au grand complet. L'animal a été jugé coupable, et exécuté.

Les porcs de Pickton, eux, ont échappé aux assises.

Au moment où l'Affaire a éclaté, une société de défense des animaux en a profité pour attirer l'attention sur l'horreur des abattoirs, elle s'est plainte de la complaisance avec laquelle les journalistes racontaient le massacre des filles.

Les hurlements, la piqûre fatale, les derniers instants, les soubresauts de l'agonie, les flots de sang, le dépeçage, celles qui se débattent et sont rattrapées par le boucher…

C'est bien la façon dont on abat des centaines de milliers d'animaux chaque jour dans le monde, non ? Alors un peu de pudeur, pensez à nos amies les bêtes, s'il vous plaît.

Ils se sont payé une pleine page de pub dans le *Vancouver Sun* pour exprimer leur indignation.

Et les filles du *downtown eastside* ? Les vivantes…

Les disparues de Vancouver

Dans cette affaire, on ne s'intéresse qu'aux mortes.

Les vivantes sont pourtant des mortes en puissance…

Cent millions de dollars dépensés pour le procès, et pas un centime pour les filles de Skid Row.

Jusqu'au printemps 2009, une camionnette parcourait chaque nuit les rues du *downtown eastside.* Les trois femmes qui y travaillaient proposaient aux filles des seringues neuves, du café, un sourire, un peu de réconfort, une présence surtout, les filles avaient moins peur quand elle passait.

A cause des JO, il n'y a plus de crédits, la camionnette ne viendra plus.

A part les clients, *bad dates* compris, personne ne passe plus par ici, les filles sont à la merci du premier dingue venu.

Depuis que Pickton a été arrêté, neuf filles ont disparu du *downtown eastside.*

A cause de la pluie

Pourquoi y a-t-il tant de serial killers, par ici, tant de tueurs de femmes… Certes, Pickton est celui dont le tableau de chasse est le plus fourni, il y en a bien eu une douzaine d'autres, ces vingt dernières années, des deux côtés de la frontière, au pays de la *rain forest*…

C'est peut-être à cause de la pluie, entend-on, faute d'une réponse plus convaincante. Il pleut tellement, si souvent, si longtemps… Deux cent quatre-vingts jours par an.

Les Indiens de la côte Nord-Ouest ont

une centaine de mots pour décrire les divers états de la pluie, des mots qui gouttent et ruissellent comme l'eau sur les feuilles.

Le paysage est noyé, trempé, dégoulinant, en permanence… Ici, les ours bruns se nourrissent de saumons rouges crochetés d'un coup de griffe, arrachés au torrent qui gronde, éventrés, dévorés tout vivants sur la rive.

Toute cette eau… C'est pour ça que les arbres sont si beaux, si verts, si hauts ; la mousse espagnole cascade au revers des branches… dès qu'on quitte les passerelles posées en travers des forêts, on s'enfonce dans une jungle mouillée.

Toute une vie sous la pluie, il y en a que ça rend fous.

Pigeon Park

Wayne se souvient d'un soir où il a trouvé Sarah dans une chambre de l'hôtel Astoria, couchée sur le lino souillé, tremblant de tous ses membres, claquant des dents. Il l'a emmenée chez lui, il lui a fait couler un bain… C'est ce soir-là qu'il lui a proposé de s'installer chez lui.

Elle sortait de taule pour possession d'héroïne, elle s'était juré de tout faire pour décrocher… Elle n'y est pas arrivée. L'appel de l'héro était plus fort que tout, il a tout balayé. Wayne ne supportait plus de la voir se piquer. Sarah, effondrée contre un mur, une aiguille dans les veines, les yeux blancs, révulsés... Ça lui donnait envie de tout casser.

Sarah a compris, un jour elle a pris ses affaires, elle est retournée à Skid Row, elle a juste laissé un dessin sur le miroir de la salle de bains.

Et tout a recommencé comme avant : la rue, les dealers, les michetons, les pipes à quarante dollars, la ronde infernale.

Si elle avait tenu, si elle était restée chez lui...

La dernière fois que Wayne a vu Sarah, c'était à Pigeon Park. Elle était assise à côté de lui sur un banc, elle a parlé, de tout et de rien, ça lui faisait du bien... Elle lui a montré ses derniers dessins sur son carnet, sombres, tourmentés.

Un, surtout : des insectes monstrueux qui se ruent sur un corps de femme couchée sur la terre, nue, recroquevillée.

Avant de partir, elle le lui a donné.

Chaque fois que Wayne le regarde, ce dessin, il frémit.

Comme si Sarah avait vu ce qui l'attendait.

Crab Park

Souvent le soir, à Crab Park, un homme est assis ; frêle, pas très grand, une fine moustache posée comme par erreur sur un visage d'enfant. Il fume une cigarette, les yeux perdus sur le Pacifique… Il regarde les longs rouleaux gris, il pense à Sarah. Ici, il sent sa présence, comme nulle part ailleurs.

Dans sa tête il lui parle, certains soirs elle lui répond, d'autres non… Aujourd'hui, elle est bavarde.

Wayne, je suis cachée dans le paysage… Regarde, l'aigle qui plane là-bas, tu vois ? C'est moi…

Dans la poche intérieure de sa veste, une photo : deux gosses rieurs, une tignasse brune, de grands yeux noirs…

Cette photo, chaque fois qu'il vient, il la pose à côté de lui.

— Tu vois, Sarah, j'ai amené les enfants. Ils vont bien, ils sont heureux à la ferme… Sarah-Jean écrit des histoires, Benjamin dessine… Tu peux être fière d'eux.

Sur le banc, quelqu'un a laissé une offrande légère, une guirlande de pâquerettes, elle oscille au vent.

Wayne vient souvent dîner ici, il amène un burger, un souvlaki… Chaque fois une nuée d'oiseaux l'entoure, il leur lance des miettes, il est encerclé… Sarah aimait tant les oiseaux.

— Je me réincarnerai en aigle après ma mort, après tout c'est mon clan… lui a-t-elle dit un jour, à Jericho, sa tête posée sur ses genoux, ses beaux yeux noirs errant sur le gris du ciel.

— T'envole pas tout de suite, reste un peu avec moi…

Il caressait ses boucles brunes, comme si c'étaient des plumes.

Oui, Wayne vient souvent à Crab Park…

Il regarde les hautes grues rouges qui oscillent en grinçant, la soufrière jaune safran, les cargos à quai, les monts embrumés de l'autre côté de la baie…

Parfois, une femme le rejoint, une fille de Skid Row, Sheila, Dawn, Ada… Wayne leur offre une cigarette, ils fument en silence, ils regardent l'océan…

Sur le rivage, un aigle dépèce la chair orange d'un saumon.

A Sarah, Heather, Nancy, Wendy, Marcella, Dawn, Sheryl, Tiffany, Elaine, Sheila, Cara, Gloria, Cynthia, Marnie, Jennifer, Cathy, Rebecca, Michelle, Inga, Helen, Ruby, Janet, Tanya, Angela, Patricia, Tania, Debra, Kerrie, Mary, Kellie, Laura, Deborah, Leigh, Jacqueline, Lina, Georgina, Sherry, Elsie, Ingrid, Dorothy, Theresa, Lilian, Sharon, Katleen, Olivia, Mona, Brenda, Frances, Julie…

Et toutes les autres.

A la mémoire de Claude Lévi-Strauss.

TABLE

Dans la même collection

Besson (Philippe) *L'Enfant d'octobre*
Chessex (Jacques) *Un Juif pour l'exemple* ■ *Le Vampire de Ropraz*
Decoin (Didier) *Est-ce ainsi que les femmes meurent?*
Duteurtre (Benoît) *Ballets roses*
Eudeline (Patrick) *Rue des Martyrs*
Foenkinos (David) *Les Cœurs autonomes*
Maillet (Géraldine) *Le Monde à ses pieds*
Sportès (Morgan) *Ils ont tué Pierre Overney*

Cet ouvrage a été imprimé en France par

CPI
Bussière

à Saint-Amand-Montrond (Cher)
en janvier 2010
pour le compte des Éditions Grasset,
61, rue des Saints-Pères, 75006 Paris.

Mise en pages : Bussière

N° d'édition : 16061. — N° d'impression : 100018/4.
Dépôt légal : février 2010.

